にじいろのおやつ
石井織絵

4		「にじいろのおやつ」のこと
6		◎この本の特徴
7		◎手早くおいしく作るコツ
8		◎おもな道具のこと
9		◎おもな材料のこと

CHAPTER 1
NATURAL DECO COOKIE & CRACKER

12 / 22	01	メープルフラワークッキー きほん
12 / 23	02	シュガーフラワークッキー
14 / 24	03	抹茶クッキー
15 / 24	04	ココアクッキー
16 / 26	05	酒粕クラッカー きほん
18 / 27	06	ごまごまクラッカー
18 / 27	07	ハーブクラッカー
19 / 28	08	アーモンドチュイール
20 / 29	09	星空クッキー
21 / 30	10	スマイル キャロブクッキー
32		おめかしのワザ①…天然色のアイシング
38		COLUMN いっしょに作ろう

CHAPTER 2
VEGEFRU MUFFIN & TART

40 / 50	11	ブルーベリー マフィン きほん
40 / 51	12	イチゴココナッツ マフィン
42 / 52	13	オレンジチョコ マフィン
42 / 52	14	グリーンレモンティー マフィン
43 / 53	15	パンプキンキャラメル マフィン
44 / 54	16	アップルシナモン ビスケットタルト きほん
45 / 55	17	チョコバナナ ビスケットタルト
45 / 55	18	ハワイアン ビスケットタルト
46 / 56	19	季節のフルーツタルト
48 / 58	20	玉ネギ ビスケットタルト
49 / 59	21	ポテト ビスケットタルト
49 / 59	22	キノコ ビスケットタルト
60		おめかしのワザ②…おいしいベジクリーム6種

CHAPTER 3
RAINBOW TABLE BREAD

62 / 66	23	黒糖ナッツ 甘酒スコーン きほん
63 / 67	24	クランベリー 甘酒スコーン
64 / 68	25	イチゴ スムージー
64 / 68	26	ブルーベリー スムージー
65 / 68	27	グリーンスムージー
65 / 69	28	シナモン甘酒ロール
70 / 74	29	ころころプチパン きほん
71 / 77	30	グリーンサラダ
72 / 78	31	レインボーブレッド
80		COLUMN　おしゃれと音楽と

CHAPTER 4
EDIBLE FLOWER SWEET CAKE

82 / 90	32	バニラ カップケーキ きほん
84 / 91	33	モカ カップケーキ
85 / 91	34	ココアバニラ カップケーキ
86 / 92	35	甘酒ガトーショコラ
88 / 93	36	キャロットケーキ
94		おめかしのワザ③…エディブルフラワー
98 / 104	37	イチゴのケーキ きほん
100 / 106	38	スイートフラワーケーキ
102 / 107	39	らいおんフルーツケーキ
110		自然とつながって

［本書を使う前に］
・お菓子作りに不慣れな方は、まず「きほん」レシピがおすすめ。
　一度レシピ通りに作って味をおぼえた後に、自分の好みにアレンジ自由です。
・大さじ1＝15cc、小さじ1＝5ccです。野菜・フルーツは中サイズが基準です。
・材料の個数は目安です。生地作りなど作業の加減で変わってくる場合があります。
・オーブンの焼き時間は目安です。メーカーや熱源によってクセがあるので、
　仕上がり写真を見ながら焼き時間や温度を調整してください。

「にじいろのおやつ」のこと

　お菓子を作ること。それは暮らしを幸せにする、ちょっとした魔法です。本書の「にじいろ」のおやつは、"カラフルでかわいい"魔法をかけたナチュラルなお菓子。自然派のレストランでお菓子作りを実践し、お菓子作家となってからもずっと自然に寄り添って作ることが創作テーマでした。

　お菓子を植物性素材を使ってカラフルな「にじいろ」にしよう。そう思ったきっかけは、友人の幼い息子が街のケーキ屋さんで大泣きした姿でした。卵アレルギーの彼が食べたがったのは、生クリームで華やかにデコレーションされた、ふわふわのロールケーキだったのです。

　体にやさしい素朴な茶色いお菓子を、見た目をもっとかわいくして子どもたちを喜ばせてあげたい。卵や乳製品を使わなくっても、心がワクワクするお菓子が手軽におうちで作れたら、それはみんなを笑顔にする最高の魔法になる！　と思ったのです。

　そうして生まれたレシピを集めて『にじいろのおやつ』として一冊になりました。かわいいな、おいしそうだなって、本書を見ながら胸がきゅんとするお菓子の幸せを、何度も味わってもらえたら、とてもうれしいです。

orie ishii

◎ この本の特徴

① バター・牛乳などの乳製品と卵を使っていません。

ふっくら、しっとりリッチな食べ心地。「また食べたい！」という声が聞けるように、植物性のナチュラルスイーツといえど、街のケーキ屋さんに並ぶお菓子に負けないくらい満足感があるレシピを目指してきました。オイル分は菜種油やココナッツオイル、しっとりしたコク味は甘酒や酒粕、塩麹といった発酵食材によるものです。動物性油脂を使っていないので洗いものもラクチン。とくに身近なナチュラルな素材だけで作るパンやスポンジケーキは、「卵や生クリーム入っているよね？」とみんなが驚くおいしさ。ぜひ作って実感してみてください。

② お菓子をおめかしするデコや着色は植物性素材です。

デコレーションに使う花はエディブルフラワー（食べられる花）、クリームは豆腐や豆乳、ココナッツオイルで作ります。アイシングやクリームをカラフルにする着色はすべて植物性素材を使っています。たとえばピンクはビーツ、ブルーはバタフライピー（豆科の花）で着色。ケミカルな着色料を使わず、花や野菜など自然界のきれいな色をお菓子の着色（わたしは「ボタニカル トーンズ（Botanical Tones）」と呼んでいます）に使ってデコレーションします。身近にあって、安心して口にできるナチュラルな素材で、おうちのおやつがぐんとかわいくできますよ。

③ ベースは[混ぜる]→[焼く]のカンタンおやつです。

たとえばカップケーキ。材料の準備を事前にしておけば、粉をふるって混ぜてオーブンに入れるまで、手を動かしているのは約10分。慣れれば5分ほどの作業です。とくにお菓子にベーキングパウダーを使ったものは粉の性質上「手早く」「混ぜすぎない」ことが、ふわっとおいしく仕上げるポイントでもあります。それにベースのお菓子作りで疲れきっては、デコレーションするテンションもあがらないので、少ない工程でできるレシピを心がけています。おやつ作りの流れのなかで無理なく、おめかしを楽しめます。

◎手早くおいしく作るコツ

① 材料はスケールでの量りやすさを考え、g(グラム)表記にしています。

粉類はボウルにザルを重ねて計量。

② ［粉類］と［水分類］、それぞれのボウルに"まとめ量り"します。

③ ［粉類］はボウルにザルを重ねて量ると、ふるう作業がラクです。

ザルの中を手でかき混ぜ、粉を落とす感じ。

④ 生地のばしの工程では、フリーザー袋の両脇を切って(図ア)カバーに使います。

めん棒も台も汚れずに作業できる。

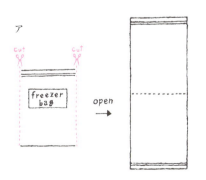

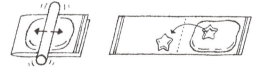

⑤ はじめて作るレシピは、焼き上がり5分前にオーブンチェックします。

おうちのオーブンのクセをつかむ。

◎おもな道具のこと

ふだんから使っている道具は自分の手の大きさに合っていて、扱いやすいもの。そしてお菓子作りが楽しくなる、大好きなビンテージツールを織りまぜて使っています。

はかり

「TANITA」のデジタルスケールで、最大計量は3キロを使用。この本では容器を含めて材料を量るやり方(P.7)なので、計量値が大きいものをおすすめ。

入れる・ふるう

ボウルは泡立てや混ぜ込みやすい深めと、液ものを入れる中サイズ。手つきのボウルは持ちやすく注ぎやすい。ザルは粗めの粉もふるいやすく目詰まりしづらい「柳宗理」製を愛用。

混ぜる・泡立てる

ゴムべらやカード(スケッパー)は耐熱性のあるシリコン製。泡立て器は大・小あると便利。ハンドブレンダーはミキサーやフードプロセッサーでも代用可。

生地のばし

使用頻度の高いめん棒は1950年代のビンテージ品を愛用。台はデコボコがなくこねやすいもの。フリーザー袋は生地のばしに活用(P.7)、洗って数回使う。

切る・模様をつける

飾りのフルーツを切るなど細かい作業に使いやすい「タダフサ」のペティナイフを愛用。クッキー生地に模様をつける際は、はし・スプーン・フォークなど身近な道具を活用。

型

火の通りや焼き色がいいのでブリキ製を選ぶことが多い。パンやパウンドの型は新品を使うときは油を塗って一度空焼きすると使いよい。

◎おもな材料のこと

なるべく自然栽培のもの、オーガニックなもの、地元産などを心がけて使用。自然に寄り添った生産者や身近な作り手への応援になると思っています。まったく同じ材料でなくても、自分の口に合って手に入れやすいものが一番です（着色に使うカラーパウダーはP.33参照）。
★＝購入先(N)→詳細はP.112

粉もの

薄力粉は製粉期日が新しい国産小麦粉（この本では岐阜産）を使用★。地粉や自然栽培の粉は味わいがあるが個性も強く、使う際は生地の様子をよく見ながら水分や油の量を調整して。

甘味

色がつかず溶けやすい、白く細かい粒のてんさい糖をメインに使用。メープルシロップはオーガニック製、黒糖は甘味のやわらかい自然栽培のもの★。お好みで茶色い砂糖を使う際は溶け残りに注意して。

塩

海塩、湖塩など自然塩を愛用。お菓子には天日湖塩、地元・葉山で製造の自然海塩。甘味を含んだ自然のままの岩塩「ピンクロックソルト グレイン」はパン生地などに使用。

菜種油・ココナッツオイル・ショートニング

メインに使うのはクセのない菜種油で、商品表記「菜種サラダ油」をセレクト。クリームにはオーガニックココナッツオイルの無臭タイプ。パンに使うオーガニックパーム油（ショートニング）は「ダーボン社」製。

ベーキングパウダー・天然酵母

ベーキングパウダーはノンアルミニウムのもの。天然酵母はパン作り初心者なら有機の顆粒タイプを使って、最終的には自家製酵母にチャレンジしてみて。

甘酒・塩麹・酒粕

甘酒、塩麹は天然麹を使った「ナチュラル・ハーモニー」製★。甘酒は米・麹原料で粒感の残るものをセレクト。酒粕は風味のよい「寺田本家」製。いずれもメーカーによって塩分・糖分が異なるので、レシピ分量をもとに調整して。

花を摘んだ手でお菓子を作ろう
光が、空気が、時間が
お菓子の中に入っていく
自然からのいただきものに感謝して
家族と友人と愛おしい人と
かわいいね、おいしいねって
笑い合って食べる
幸せってきっとそんなこと

CHAPTER 1

NATURAL DECO COOKIE & CRACKER

自然素材で彩る
かわいいクッキー&クラッカー

02 シュガーフラワークッキー

アイシングがけに花びらでおめかし
それだけで素朴な焼き菓子が美人クッキーに
→ recipe P.23

01 メープルフラワークッキー

みんなが好きなメープルクッキーに
ビオラやクローバーなど草花を焼き込めて
→ recipe P.22

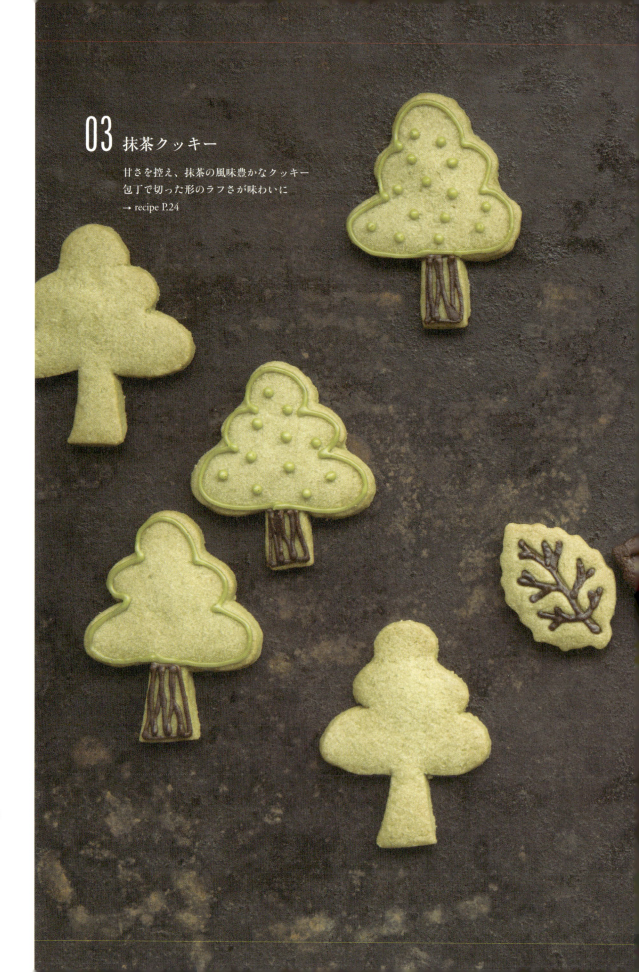

03 抹茶クッキー

甘さを控え、抹茶の風味豊かなクッキー
包丁で切った形のラフさが味わいに
→ recipe P.24

04 ココアクッキー

ココアをたっぷり配合したビターなコクあり
型抜き+アイシングで楽しくアレンジ
→ recipe P.24

05 酒粕クラッカー

ほんのりチーズ風味のクラッカーは
海モチーフがぴったり
やさしい海風を感じるおやつ
→ recipe P.26

06 ごまごまクラッカー

ごま風味が効いた
おしゃれな三角クラッカー
→ recipe P.27

07 ハーブクラッカー

ハーブの香味が引き立つ
おつまみクラッカー
→ recipe P.27

08 アーモンドチュイール

アーモンドたっぷりの薄焼きクッキー
繊細そうな見た目とうらはら
びっくりするくらいお手軽に作れます
→ recipe P.28

09 星空クッキー

月、星、雲のカラフルクッキー
子どもも大人の心もキュンとくすぐる
絵本世界のかわいいおやつです
→ recipe P.29

10 スマイル キャロブクッキー

チョコ味そっくりのキャロブのクッキーに
ココアシロップで楽しいお絵描き
クスッと笑えるとびきりの焼き菓子です
→ recipe P.30

01 きほんのクッキー／フラワー
メープルフラワークッキーの作り方

身近な草花で手軽に作れるレシピには、生地のおいしさにも工夫があります。
バニラ風味のやさしい甘さは可憐な草花にぴったり。
片栗粉を入れた生地はさくさく食感も魅力。プレーンなら厚み5mmですが、
花をのせるときはやや薄くすると焼き加減よく、花の色もきれいに仕上がります。

◎材料（直径6cm × 16枚分）
A　薄力粉…190 g
　　アーモンドパウダー…40g
　　片栗粉…20 g
B　菜種油…75 g
　　メープルシロップ…50 g
　　バニラエクストラクト…5 g
＊エディブルフラワー…適量
＊今回はビオラ、ノースポール、アリッサム、クローバーなど庭の草花を摘んで使用。（P.94〜97）を参照。

◎下準備
・ザルを重ねたボウルに、Aを量っておく。
　別ボウルに、Bを量っておく。
・オーブンを160℃に温めておく。

◎作り方

1 材料を合わせる

Aの粉類をふるう(a)。Bをかき混ぜた後、Aのボウルに加える(b)。

2 混ぜる→まとめる

1をこねないように、ゴムべらで底からさっくり混ぜる(c)。粉っぽさがなくなったら、生地を軽くまとめる(d)。

3 生地をのばす

2の生地を、めん棒で厚さ3mmにのばす(e)。

a

手の指をがしがし動かしてザルの粉をこし、ダマをとる。

b

c

d-1

d-2

d-3

まとまってきたら「半分に切って重ねる」を数回、こねずに粉けをとる。

e
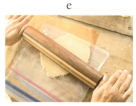
両脇を切ったフリーザー袋（P.7図ア）に生地をはさんでのばすと扱いやすい。

4 型で抜く

型で抜き、オーブンシートの上に並べる(f)。
※余った生地の始末は P.25 参照。

5 花をくっつける

指先に水(分量外)をつけて花の裏をぬらし、生地にくっつける(g)。

6 焼く

160℃のオーブンで20分ほど焼く。焼きすぎは花の色が悪くなるので注意して。焼き上がったら天板の上で完全に冷ます。

生地は薄くてやわらかいので、浮かせて丁寧にはがす。

くっついていない部分はカリカリになるので注意。指先でなで押し、花と生地を密着させる。

02 シュガーフラワークッキーの作り方

かんたんアイシング／フラワー

どぼんとアイシングの液につけるだけ、はじめてでも簡単。
草花の種類や色で表情が変わって、それが楽しいのです。

◎材料
メープルクッキーの分量…16枚分
アイシング(白)…適量(P.32参照)
カラーアイシング(ピンク)…適量(P.32〜33参照)
　アイシング(白)…P.32レシピ分量
　ビーツパウダー…薬味さじ2が目安
エディブルフラワー…適量(P.94〜97参照)

◎作り方
1 〈01メープルフラワークッキー〉と同じ手順で花なしのメープルクッキーを焼く。
2 小ボウルにアイシング(白)の材料を混ぜてトロンと弾力が出てきたら、1のクッキーの表面をドボンとつける。
3 アイシング(白)が終わったらそのボウルに、ビーツパウダーを加えてカラーアイシング(ピンク)を作り、1のクッキーの表面をドボンとつける(a)。
4 2と3のアイシングが乾く前に、お好みでフレッシュな草花、ドライの花びらを散らす(b)。

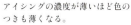
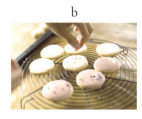

アイシングの濃度が薄いほど色のつきも薄くなる。

03 抹茶クッキーの作り方

手切り／アイシング

焼きすぎてしまうと抹茶の色がきれいに出ないので、
5分前からオーブンの様子を見ながら焼き上げましょう。

◎材料（16枚分）
A　薄力粉…190g
　　アーモンドパウダー…40g
　　片栗粉…20g
　　抹茶…6g
B　菜種油…80g
　　メープルシロップ…40g
カラーアイシング…適量（P.32〜33参照）
　　緑色→アイシング(白)×抹茶
　　茶色→アイシング(白)×ココア

◎下準備
・ザルを重ねたボウルに、Aを量っておく。
　別ボウルに、Bを量っておく。
・オーブンを160℃に温めておく。

◎作り方
1　Aの粉類をふるう。Bをかき混ぜた後、Aのボウルに加える。
2　1をゴムベラでさっくりと混ぜる。粉けがなくなったら生地をまとめる。
3　2の生地をめん棒で4mm厚さにのばす。
　　※1〜3の生地作りはP.22〜23と同じ要領。
4　3の生地を包丁で木の形にカットして、オーブンシートに並べる(a)。
5　160℃のオーブンで20分ほど焼く。天板の上で完全に冷ます。
6　お好みでカラーアイシングでペイントする(b)。

a

包丁の刃先を立ててトントンと上下に動かし、生地を引っ張らないように切るのがコツ。型紙を作って切ってもいい。

b-1

b-2

b-3

04 ココアクッキーの作り方

型抜き／アイシング

ココアパウダーを加える場合は生地がしまってしまうので、
水分と油分をやや多めにすると生地がかたくなりません。

◎材料（16枚分）
A　薄力粉…130g
　　ココアパウダー…60g
　　アーモンドパウダー…40g
B　菜種油…85g
　　メープルシロップ…60g
　　豆乳…25g
カラーアイシング…適量（P.32〜33参照）
　　緑色→アイシング(白)×抹茶

◎下準備
・ザルを重ねたボウルに、Aを量っておく。
　別ボウルに、Bを量っておく。
・オーブンを160℃に温めておく。

◎作り方
1　Aの粉類をふるう。Bをかき混ぜた後、Aのボウルに加える。
2　1をゴムベラでさっくりと混ぜる。粉けがなくなったら生地をまとめる。
3　2の生地をめん棒で4mm厚さにのばす。
　　※1〜3の生地作りはP.22〜23と同じ要領。
4　3の生地を葉っぱの型で抜く(a)。または包丁でカットして、オーブンシートに並べる。
5　160℃のオーブンで20分ほど焼く。天板の上で完全に冷ます。
6　お好みでカラーアイシングでペイントする。

a

表面に絵柄がスタンプできる「バネ式型抜き」を使用。簡単なのに手の込んだ感じのクッキーが作れて便利。

More Point

◎クッキーの生地が成形中にちぎれたら……

せっかくかわいく成形したのに、薄くてやわらかい生地がちぎれてしまうことも！ そんなとき焼く前なら、ちょっと手当てすればつながります。

1 オーブンシートの上で、ちぎれた部分をくっつける(a)。
2 指先で生地のつなぎ目をなじませる(b)。

a

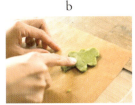
b

◎クッキーの生地が余ったら……

型抜きなどして最後に余った生地。丸めてそのまま焼いてもいいのですが、わたしはちょっと手を加えてハッピーなオマケを作ります。

1 余った生地を丸める(a)。
2 平らに指で伸ばし、キャロブチップス(P.30参照)やクルミやチョコなどを入れて包む(b)。
3 はし先などで模様を描いたりして、他のクッキーと一緒に焼き上げる。味けない余り生地が、ちびスマイルクッキーに(c)。

◎焼き上がりがさくさくな食感にならないときは……

生地をこねすぎている場合と、オーブンの温度が低くて、しっかり焼けていない場合もあります。何度か作ってみて自分の好みに近づけてください。

◎アイシングクッキーの甘さが苦手な人は……

クッキーの生地を、レシピより1mmほど厚めにするとよいでしょう。またアイシングにレモンの皮をすりおろして加えるなどするとさわやかです。

◎クッキーやマフィンやケーキに使っている
　バニラエクストラクトの魔法……

一般に使われているバニラエッセンスは添加物入りの人工香料ですが、バニラエクストラクトはバニラビーンズから造られた天然バニラ。エッセンスの人工的な濃い香りに対し、ピュアなエクストラクトは食べたときのふわっと感じるバニラのいい香りがこのうえなく上品。お菓子の生地にエクストラクトが入ると、おいしさが数段アップする魔法のエッセンスともいえます。

05 酒粕クラッカーの作り方

きほんのクラッカー／型抜き

酒粕を入れて焼くと、不思議とチーズのような風味のクラッカーになります。
アーモンドパウダーのコクを足して仕上がった、サクサク&しっとり食感の絶妙レシピ。
甘くないので、お菓子が苦手な男性陣も絶賛してくれる人気ものです。

◎材料（12枚分）
A　薄力粉…70g
　　片栗粉…65g
　　アーモンドパウダー…10g
　　酒粕…35g
　　塩…3g
B　菜種油…45g
　　塩麹…小さじ1/2
豆乳…25g

◎下準備
・ボウルに、Aを量っておく。
　別ボウルに、Bを量っておく。
・オーブンを160℃に温めておく。

◎作り方

1　ほぐす

Aの粉類を手でほぐし、酒粕のかたまりを小さくする(a)。
なじんだらBを入れ、手をすり合わせてもみほぐす(b)。

2　混ぜる→まとめる

全体がしっとりしてきたら豆乳を入れ、カードかゴムべらで切るように混ぜる(c)。粉っぽさがなくなったら、生地を軽くまとめる。

3　生地をのばす

2の生地を、めん棒で厚さ4mmにのばす(d)。

4　型で抜く→アレンジする

好みの型で抜いて、オーブンシートに並べたら、はしやスプーンなどで模様をつける(e)。

5　焼く

160℃のオーブンで20分ほど、きつね色になるまでしっかり焼く。天板の上で完全に冷ます。

☆ブラックペッパーや好みのスパイスなどを生地に足すと、お酒に合うおつまみ菓子に。アレンジ自在です！

a

b

米粒くらいになるまでほぐす。

c

こねるとサクサク感が出ないので注意。

d

両脇を切ったフリーザー袋(P.7図ア)に生地をはさんでのばすと扱いやすい。

e-1

はし先の細いもの太いもの、スプーンのカーブを使って、好きなように点や線を描く。

e-2

e-3

e-4

06 ごまごまクラッカーの作り方

ごまの香ばしさがクセになるクラッカーは、
ハーブクラッカーともどもお酒のともにぴったり。
食べ始めたら止まりませんよ。

◎材料（1辺約5cm×30枚）
A　薄力粉…70g
　　片栗粉…65g
　　アーモンドパウダー…10g
　　酒粕…35g
　　金ごま（なければ白ごまでも）…10g
　　塩…3g
B　菜種油…25g
　　＊ごま油…20g
　　塩麹…小さじ1/2
豆乳…25g

＊濃厚なごま油ならガツンと印象的に、あっさり系だとほのかにごまが香る大人っぽい味に。

◎下準備
・ボウルに、Aを量っておく。
　別ボウルに、Bを量っておく。
・オーブンを160℃に温めておく。

◎作り方
1. Aの粉類を手でほぐし、酒粕のかたまりを小さくする。なじんだらBを入れ、手をすり合わせてもみほぐす。
2. 全体がしっとりしてきたら豆乳を入れ、カードかゴムべらで切るように混ぜる。粉っぽさがなくなったら、生地を軽くまとめる。
3. 2の生地をめん棒で厚さ4mmにのばす。
　＊1～3の生地作りはP.26と同じ要領。
4. 包丁で5cm角くらいに切って、さらに半分に切って三角形にする。
5. 160℃のオーブンで20分焼く。天板の上で完全に冷ます。

07 ハーブクラッカーの作り方

オリーブオイルのおいしさがそのまま
生地のおいしさにつながります。
豆乳マヨネーズ（P.61）やアボカドディップなどをつけて
カナッペ風に。おもてなしにも重宝です。

◎材料（1辺約5cm×30枚）
A　薄力粉…70g
　　片栗粉…65g
　　アーモンドパウダー…10g
　　酒粕…35g
　　お好みのハーブ…3g
　　塩…3g
B　＊オリーブオイル…55g
　　塩麹…小さじ1/2
豆乳…25g

◎下準備・作り方
〈06 ごまごまクラッカー〉と同じ要領。

☆ハーブはお好みですが、バジル、タイム、ローズマリーがよく合います。

＊愛用のイタリア産「オルチョサンニータ」は手しぼりの有機オリーブオイル。フルーティーな風味と香りで、お菓子も料理もびっくりするほどおいしくなる逸品！

08 アーモンドチュイールの作り方

ドロップクッキー

キャラメルとアーモンドの香ばしいクッキー。薄く焼き上げることで、
シャリシャリの軽やかな食べ心地に仕上がります。

◎材料（直径7cm×10～12枚分）
A　アーモンドスライス…50g
　　てんさい糖…25g
　　薄力粉…15g
B　菜種油…20g
　　豆乳…17g
あればエルダーフラワー・カモミール…各小さじ1/2

◎下準備
・ボウルに、Aを量っておく。
　別ボウルに、Bを量っておく。

・オーブンを160℃に温めておく。

◎作り方

1　**材料を合わせる**
AのボウルにBを一度よく混ぜて加える。

2　**混ぜる**
ゴムべらで粉っぽさがなくなるまでざっと混ぜる(a)。

3　**生地を落とす**
2を大さじ1杯ずつすくい、オーブンシートに並べる(b)。指先に水（分量外）をつけ、2の生地を平らに丸く広げる(c)。

4　**焼く**
160℃のオーブンで20分ほど、こんがり茶色になるまで焼く。天板の上で完全に冷ます。

☆エルダーフラワーやカモミールなどドライハーブを入れるとナチュラル感がアップします。

a

b
生地を広げるので間隔をあけて。

c-1　c-2

09 アイシング 星空クッキーの作り方

いろんな味のクッキーを焼いて、アイシングでカラフルに色づけ。
ぽってり濃いめのアイシングは、甘いけれどかわいさ倍増。
ビンなどの容器に詰めて小さなプレゼントにすると喜ばれます。

◎材料
好みのクッキー…適量
　　アールグレイクッキー(下記参照)
　　メープルクッキー(P.22～23参照)
　　抹茶クッキー(P.24参照)
　　ココアクッキー(P.24参照)
カラーアイシング…適量(P.32～37参照)
　　黄色→アイシング(白)×ターメリック
　　緑色→アイシング(白)×抹茶
　　紫色→アイシング(白)×紫イモパウダー
　　ブルー→アイシング(白)×バタフライピー(P.33参照)
　　ピンク→アイシング(白)×ビーツパウダー　など

◎作り方
お好みのクッキーを、カラーアイシングでペイントする(a)。

a-1　　　　　　　a-2　　　　　　　a-3

アイシング液に直づけでもよいのですが、アイシングコルネ(P.34参照)で塗ると仕上がりがきれい。

アールグレイクッキーの作り方

つぶつぶの茶葉の表情と香りが味わい深いクッキー。
アールグレイのほか、アッサムなどお好きな茶葉でお試しを。

◎材料(作りやすい分量)
A　薄力粉…190 g
　　アーモンドパウダー…40 g
　　片栗粉…20 g
　　*アールグレイの茶葉…2 g
B　菜種油…75 g
　　メープルシロップ…50 g

◎下準備・作り方
〈01 メープルフラワークッキー〉P.22～23と同じ要領。

*ティーバッグを破って茶葉を入れてもよい。

10 お絵描き スマイルキャロブクッキーの作り方

ザクザクの全粒粉の入ったクッキーにキャロブチップスをサンド。
かわいいうえにボリュームもあり、子どもたちのおやつに大人気。
わが家だけのキャロブサンドクッキーをぜひ作ってみて！

◎材料（直径6cm×サンドで8個分）
A　薄力粉…50g
　　全粒粉…50g
　　アーモンドパウダー…50g
　　片栗粉…30g
B　菜種油…45g
　　豆乳…40g
　　てんさい糖…10g
　　バニラエクストラクト…5g
＊キャロブチップス…48g（6g×8個分）
ココアシロップ（お絵描き用）
　　ココアパウダー…5g
　　メープルシロップ…25g

◎下準備
・ザルを重ねたボウルに、Aを量っておく。
　別ボウルに、Bを量っておく。
・オーブンを160℃に温めておく。
・ココアシロップの材料を小ボウルに混ぜ合わせ
　ておく。

◎作り方
1　Aの粉類をふるう。
　　Bの砂糖をしっかり溶かし混ぜ（乳化するまで）、
　　Aのボウルに加える(a)。
2　1をゴムべらでさっくり混ぜる(b)。
　　粉っぽさがなくなったら、軽く生地をまとめる(c)。
3　2の生地を、めん棒で厚さ5mmにのばす。
　　※1〜3の生地作りはP.22〜23と同じ要領。
4　型で抜きオーブンシートに並べる(d)。
　　※余った生地は帽子にするなど自由な形にして。
　　生地の半分8枚にココアシロップで絵を描く(e)。
5　160℃のオーブンで30分ほど、中心に焼き色が
　　つくまでしっかり焼く。
6　焼き上がったら天板の上で、絵のないクッキーを
　　ひっくり返して粗熱をとる。熱々がやや落ち着い
　　たらキャロブチップスをのせる(f)。
7　溶けてきたら絵を描いたクッキーをかぶせてサン
　　ドする(g)。

☆絵柄はご自由に。メッセージや、家族の名前、
愛猫の似顔絵など、モチーフは無限大！

＊キャロブチップスとは、イナゴ
豆から造られたもので、チョコレ
ート代わりに使われている。

a b c

Bの材料をすべてよく混ぜ、油分と砂糖の粒が残らず溶けて白っぽくなるまで混ぜ合わせる。

d e f

ココアシロップを小筆につけて、好きなモチーフを自由に描いて。

ひっくり返したクッキーにスプーンでのせる。甘さを控えたいならキャロブチップスの量を少なめに。

g-1 g-2

クッキーの余熱でキャロブチップスがほどよく溶けて接着できる。熱々をサンドするとカリカリになるので注意して。

MORE POINT

◎乳化とは……

お菓子作りでよく使う「乳化」とは、簡単にいえば水分と油分をしっかり混ぜ合わせ結合させること。ここでは豆乳×砂糖×菜種油を混ぜるときのポイント。ほかでも豆腐×菜種油の豆腐クリームや、豆乳×ココナッツオイルのココナッツクリームなど、乳製品を使わないこの本のレシピでは、乳化がおいしさアップのポイントです。

◎メープルシロップの代わりに……

メープルシロップは高価なので、てんさい糖シロップ（てんさい糖100g×水50gを沸騰させたもの）で代用もOK。

おめかしのワザ ① … 天然色のアイシング

きほんのアイシング(白)

デコレーションに使うアイシングにも、体にやさしいてんさい糖の粉糖を使用しています。
砂糖は吸水力が強いのですが、それも種類やメーカー、季節などで異なります。
この本のきほんレシピはややかための分量。ゆるめに仕上げたいときも、
かためから少しずつ水分を足し、かたさを調整すると失敗が少ないですよ。

◎材料(作りやすい分量)
粉糖 …70g
レモン汁(または水)…10g

◎作り方
1 粉糖のボウルにレモン汁を注ぎ、ゴムべらで混ぜ合わせる(a)。
2 ダマがなくなったら、さらにねるように混ぜる。
※ゆるくしたい場合は水を少量ずつ足して。やわらかくなりすぎたら粉糖を少量ずつ足して。

a-1　　　　　　　a-2

☆ややかため　　　☆ゆるめ

つのがツンと立つくらいのかたさが目安。細かい線や点を使うアイシングに使用。

すくって落とすとリボン状になるくらいのなめらかさが目安。面を広く塗るときに使用。

天然色のカラーアイシング

きほんの白いアイシングに、深緑色なら抹茶、
オレンジならパプリカパウダーなど、
体にやさしい自然素材で着色。
人工の着色料を使わなくても、子どもが口にして安心な
カラフルでかわいいカラーアイシングができます。

a

◎作り方
1 アイシング(白)に薬味さじなどで少量のカラーパウダーを加える(a)。
2 色ムラにならないよう、ゴムべらなどで全体によく混ぜる(b)。
※色調整は薄く→濃く。色を濃くする場合はカラーパウダーを少量ずつ足して好みの色に近づけて。

b-1　　　　　　　b-2

☆きれい色のボタニカルトーンズ

草花や野菜などの植物でカラーリングする方法を、
わたしのお菓子作りでは「ボタニカル トーンズ（Botanical Tones）」と呼んでいます。
とくに愛用している色をご紹介します。

a
ココア⇨茶系
色に加えて味もつく。

b
ブラックココア⇨
黒・グレー系
無糖。麻炭や竹炭を使っても。

c
紫イモパウダー⇨紫系
酸に反応、レモン汁不使用。

d
パプリカパウダー⇨
オレンジ系
色に加えて味もつく。

e
ヨモギ・抹茶⇨緑系
色に加えて味もつく。

f
ターメリック⇨黄色系
量が多すぎると苦味が出るので注意。

g
バタフライピー⇨ブルー系
マメ科の青い花。酸に反応、レモン汁不使用。

h
ビーツパウダー⇨ピンク系
よく混ぜないと粒が残るので注意。

きほんの
アイシング

※カラーパウダーは自然食材店や菓子材料店などでも購入可能です。
教室でおすすめしている入手先は下記です。材料選びのご参考にしてください。
・aココア、bブラックココア、c紫イモパウダー、dパプリカ、eヨモギ／抹茶、fターメリック➡「GAIA（ガイア）」 www.gaia-ochanomizu.co.jp/
・gバタフライピー➡「Rong Namcha Chiangmai（ロンナムチャ チェンマイ）」 www.teahouse-chiangmai.com/
・hビーツ➡「kimidori farm（キミドリ ファーム）」 www.kimidorifarm.com/

MORE POINT

◎酸に反応する素材の場合は……

紫イモパウダーやバタフライピーは、酸に反応して色が変わる素材。アイシングを作る際、粉糖を溶かすのはレモン汁ではなく水を使ってください。オレンジなどの柑橘を使ったお菓子の色づけにも向いていません。

◎バタフライピーを使う場合は……

ハーブティーとしても使われるバタフライピーは、水に浸してブルーの色を抽出。花を除いたブルーの水（10g目安）を粉糖（作りやすい分量・70g）に混ぜ、ブルーのアイシングを作る。

おめかしのワザ ① … 天然色のアイシング

アイシング コルネ(絞り袋)

アイシングで絵や文字を描くデコレーションをする場合は、コルネを使います。
市販品もありますが、わざわざ買わなくても、簡単に手作りできます。絞り口の大きさはいろいろ、
しかも色数だけ必要になるもの。何個か作れば手慣れて、上手に作れるようになりますよ。

◎材料
＊クリア袋(A4サイズ目安)、
ハサミ、セロハンテープ

＊クリア袋は「クリスタルパック」「OPP袋」などの名称で
百均ショップや文具店などで販売。セロハンテープが接着し
やすく(クッキングシートは接着しづらい)、丈夫で扱いやす
い点でもアイシング初心者におすすめ。

◎作り方
1 クリア袋をハサミで長方形にカット(a)。少し角をずらして斜め三角形にする(b、図ア)。
2 三角形の頂点から垂直におろした点(図イ)を中心に、円錐状に巻く(c)。
3 コルネの先がとがって、巻き終わりが正面になるようにテープを貼って固定する(図ウ)。
4 正面の余分なところはハサミでカットして、内側に折り込みやすくする(d)。

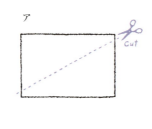
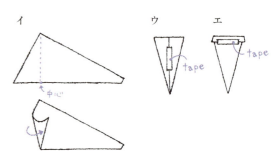
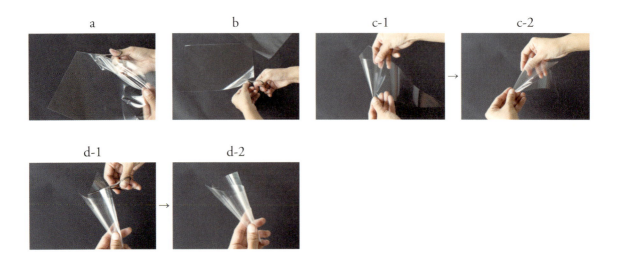

◎詰め方
1 小さいスプーンなどを使ってアイシングをコルネの中に入れる(a)。
2 量はコルネの半分くらいまで。空気を抜いて内側に折ってテープでとめる(b、P.34図エ)。
※初心者はつい多めに入れがち。力を入れすぎると、あふれたりコルネがつぶれたりするので注意。

a-1　　　　　　　a-2　　　　　　　b-1　　　　　　　b-2

☆絞り口を切る

アイシングで模様を描けるようにコルネの先をハサミで切って使う。絞り口の切り方で、絞る線の太さが違ってくる。

細い絞り線　　　　太い絞り線

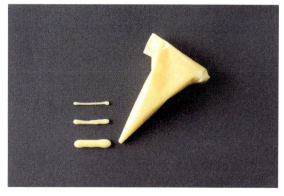

おめかしのワザ ① … 天然色のアイシング

コルネを使ったデコレーション

最初に知っておくとやりやすい、きほんの持ち方、描き方をご紹介します。
この本に登場するアイシングも、ここでお教えする
線、点、面の描き方でできる簡単なものばかりです。

◎持ち方

折り部分の下あたりを押して絞る。
量が少なくなったら、もう一折り
して使う。
※NG→絞り口近くを持って押す
ときれいに絞れないので注意。

慣れないうちは、コルネを持つ手
に、もう片方の手を添えて支える
と安定して描きやすい。

◎描き方

点の描き方
好みの大きさの玉を絞り、最後は
先をくるっと回し上げるとツノが
立たない。

線の描き方
均等な力で絞って、引きたいライ
ンへ動かす。

面の塗り方
塗る面のアウトラインを細いアイ
シングで描く。
↓
面を太いアイシングで塗る。

 →

色を重ねる
下地の色を塗る。ラフな面塗りな
ら直づけもOK。
↓
下地が乾いてから描く。

 →

MORE POINT

◎絞り残ったアイシング

アイシングが絞り袋にちょっとだけ残ったら、クッキング
シートなどに絞りきって。ケーキなどのトッピングや、お
手軽にコーヒーやココアなどに浮かべてホットドリンクの
彩りに使えます。

アイシングのアレンジ

字を描いたり、模様を描いたり、塗り重ねたり。はみ出しても、
それも手作りの味わいとして、楽しみながら作っているうちに、きっと上達しますよ。
参考に、いくつかのアイシングをご紹介。
アレンジは自由、いろいろ作ってみてくださいね。

ココアクッキーに、白いアイシングで面を塗り、色文字を描く。

点と線のアイシングでサボテンの柄づけ。

枠を描いた後、マットな塗り仕上げに。

いっしょに作ろう

　はじめてのお菓子作りはたしか3歳の頃、いとこのお姉さんの家でのクッキー作りでした。粉と水分を混ぜたものがお菓子になるふしぎ、オーブンで焼けるのを待つ間のわくわくする高揚感。手も顔も粉まみれでお手伝い（ジャマですけど）したのですが、いっしょに作ったあの時間はいまも思い出すと胸がじんとあったまる、わたしの宝物です。
　アトリエでは、親子でお菓子作りを教えることもあります。デコレーションに関しては、大人より子どもの方が固定概念がなく、楽しみ上手。お菓子の花飾りのセンスなんて、わっ、なんて自由なんだろうっていつも刺激を受けています。でも一方で、完璧主義者の子も少なくありません。わたしも小さな頃、本の通りに作れなかったケーキを、こんなんじゃないとポイッと投げたことも（笑）。いま、もし子どものわたしに逢えたら、「本と同じじゃなくっていいんだよ」と教えてあげたい。手作りは1つ1つ形が違うことが魅力だし、ふくらまないとか技術的な問題は学びとすれば、上手になるステップなのですから。完璧な仕上がりにこだわりすぎず、のびのび楽しむのが一番。家族と友人と、お菓子を作ってみれば、きっと愛おしい記憶になるはずですよ。

11 ブルーベリー マフィン

ふわふわ生地にジャムと
果実が織りなす絶品マフィン
→ recipe P.50

12 イチゴココナッツ マフィン

生イチゴのみずみずしい食感と
赤い実が彩りよく映えて
→ recipe P.51

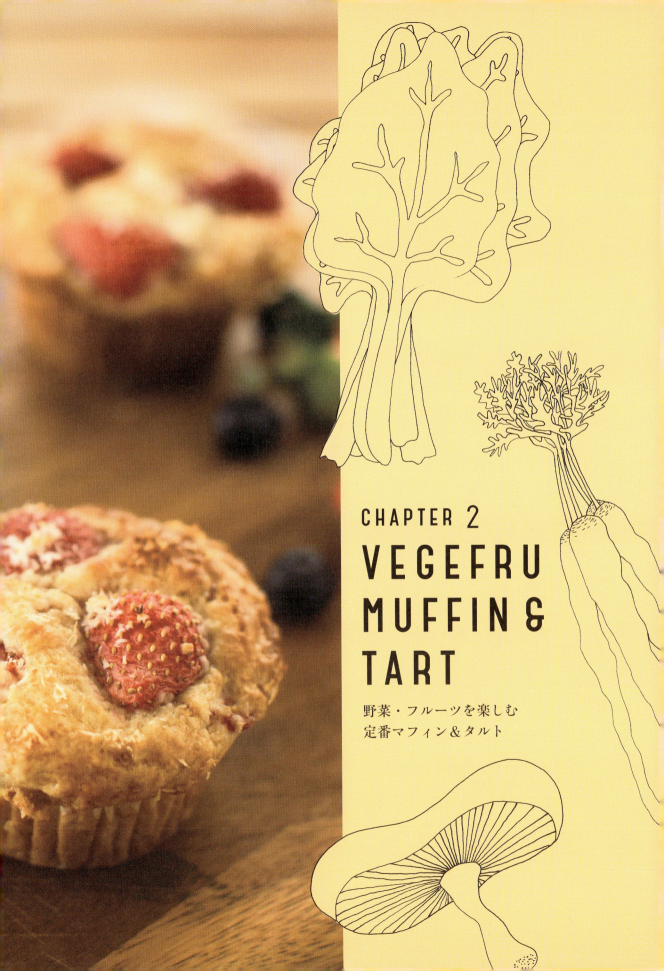

CHAPTER 2
VEGEFRU MUFFIN & TART

野菜・フルーツを楽しむ
定番マフィン&タルト

13 オレンジチョコ マフィン

ココア&チョコの濃厚な甘味と
オレンジの酸味が絶妙なバランス
→ recipe P.52

14 グリーンレモンティー マフィン

マフィンを割るとふんわり
レモンティーの香りが広がります
→ recipe P.52

15 パンプキンキャラメル マフィン

キャラメルとナッツの香味が
カボチャのほっくり感を際立てます
→ recipe P.53

16 アップルシナモン ビスケットタルト

滋味深いビスケット風のタルトに
リンゴのやさしい味がなじんで
→ recipe P.54

17 チョコバナナ ビスケットタルト

バナナとチョコレートという
最強のおいしい組み合わせ
→ recipe P.55

18 ハワイアン ビスケットタルト

太陽に育まれたパイナップルと
ココナッツのフレーバーが南国の趣
→ recipe P.55

19 季節のフルーツタルト

豆腐クリームとフルーツで飾って
手間いらずのごちそうタルト
→ recipe P.56

47

20 玉ネギビスケットタルト

玉ネギのシャキシャキの甘さが
生地のサックリ感と相まって新鮮
→ recipe P.58

21 ポテトビスケットタルト

ほくほくポテトを炒める
オリーブオイルでぐっと個性的に
→ recipe P.59

22 キノコビスケットタルト

チーズ風味の生地とキノコが好相性
ワインのともや軽食にぴったり
→ recipe P.59

11 きほんのマフィン
ブルーベリー マフィンの作り方

いたってシンプルな材料ですが、甘酒が入るとやさしいコク味と焼き色もこんがり。
ふわふわ生地にする大ポイントは手早さ。のんびり作っているとふくらみが悪くなります。
混ぜ始めたらできるだけ素早くオーブンへ。

◎材料（直径7cm×6個）
A　薄力粉…180 g
　　ベーキングパウダー…9 g
　　重曹…1 g
B　豆乳…140 g
　　菜種油…45 g
　　てんさい糖…40 g
　　メープルシロップ…30 g
　　甘酒…20 g
　　バニラエクストラクト…5 g
ブルーベリージャム…大さじ3
トッピング
　　ブルーベリー、ポピーシード…適量

◎下準備
・ザルを重ねたボウルに、Aを量っておく。
　別ボウルに、Bを量っておく。
・マフィン型にマフィンカップを敷いておく。

・オーブンを190℃に温めておく。

◎作り方

1　**材料を合わせる**

　　Aの粉類をふるう(a)。Bは砂糖のざらつきがなくなるまでよく混ぜたら、Aのボウルに一気に加える(b)。

2　**混ぜる→ジャムを加える**

　　1をこねないように、ゴムべらでさっくり手早く混ぜる。粉っぽさがなくなる程度に混ざったら、軽くまとめる(c)。ジャムを大さじ1杯ずつ、3カ所に分けて加える(d)。

3　**型に入れる**

　　スプーンで生地とジャムをすくって、手早く均等にマフィン型に入れる(e)。

4　**トッピングをのせる**

　　3の上にブルーベリーをのせ、ポピーシードをふる(f)。

5　**焼く**

　　190℃のオーブンで20分ほど焼く。オーブンから出したら、型のまま冷ます(g)。

a

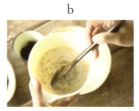
b

c

d

e 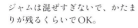 f  g

ジャムは混ぜすぎないで、かたまりが残るくらいでOK。

焼き上がりがパサついていたら、キッチンペーパーをかけた上にラップでゆるくカバーして冷ますとしっとり仕上がる。

12 イチゴココナッツ マフィンの作り方

生イチゴを生地に混ぜて焼くので、ジューシーな歯ごたえがあり、ふっくらした生地に変化がついて新鮮です。
ココナッツファインをのせると、よりクリーミーになります。

◎材料（直径7cm×6個）
A　薄力粉…180g
　　ベーキングパウダー…9g
　　重曹…1g
B　豆乳…140g
　　菜種油…45g
　　てんさい糖…40g
　　メープルシロップ…30g
　　甘酒…20g
　　バニラエクストラクト…5g
　　イチゴ…8粒
イチゴジャム…大さじ3
トッピング
　　イチゴ、ココナッツファイン…適量

◎下準備
・ザルを重ねたボウルに、Aを量っておく。
　別ボウルに、Bを量っておく。
・イチゴは生地に混ぜる8粒は1cmの角切りに、
　トッピングのイチゴはタテ1/2に切っておく。

・マフィン型にマフィンカップを敷いておく。
・オーブンを190℃に温めておく。

◎作り方
1　〈10 ブルーベリーマフィン〉と同じ要領で生地を作る。
　※角切りのイチゴは生地に混ぜる。
2　型に入れた生地にイチゴをのせ、ココナッツファインをふる。
3　190℃のオーブンで20分ほど焼く。オーブンから出したら、型のまま冷ます。

13 チョコオレンジ マフィンの作り方

ココア＆チョコレートのリッチな甘味に、
オレンジピールの酸味がよく合います。
オレンジの輪切りは、下の生地が焼けにくくなるので
厚く切りすぎないように。

◎材料（直径7cm×6個）
A　薄力粉…150 g
　　ココアパウダー…30 g
　　ベーキングパウダー…9 g
　　重曹…1 g
B　豆乳…145 g
　　菜種油…70 g
　　てんさい糖…40 g
　　メープルシロップ…35 g
　　オレンジピール…15 g（約3mmにカット）
　　チョコレート…35 g（細かく刻む）
トッピング
　　オレンジの輪切り…6枚分

◎下準備
・ザルを重ねたボウルに、Aを量っておく。
　別ボウルに、Bを量っておく。
・オレンジは厚さ3〜4mmの輪切りにする。

・マフィン型にマフィンカップを敷いておく。
・オーブンを190℃に温めておく。

◎作り方
1　Aの粉類をふるう。Bは砂糖のざらつきがなくなるまでよく混ぜたら、Aのボウルに一気に加える。
2　1をこねないように、ゴムべらでさっくり手早く混ぜる。粉っぽさがなくなる程度に混ざったら、軽くまとめる。
3　スプーンで生地をすくって、手早く均等にマフィン型に入れる。
　※1〜3の生地作りはP.50〜51と同じ要領。
4　型に入れた生地にオレンジの輪切りをのせる。
5　190℃のオーブンで20分ほど焼く。オーブンから出したら、型のまま冷ます。

14 グリーンレモンティー マフィンの作り方

生地にのせた輪切りレモンの果汁が
紅茶ベースの生地にじんわり。
レモンにはお好みで砂糖をまぶしてからのせると
艶感が出て、酸っぱさもやわらぎます。

◎材料（直径7cm×6個）
A　薄力粉…180 g
　　ベーキングパウダー…9 g
　　重曹…1 g
　　アールグレイの茶葉…2 g
B　豆乳…140 g
　　菜種油…45 g
　　てんさい糖…40 g
　　メープルシロップ…30 g
　　甘酒…20 g
トッピング
　　レモンの輪切り…6枚

◎下準備
・ザルを重ねたボウルに、Aを量っておく。
　別ボウルに、Bを量っておく。
・レモンは厚さ3〜4mmの輪切りにする。

・マフィン型にマフィンカップを敷いておく。
・オーブンを190℃に温めておく。

◎作り方
1　〈13 チョコオレンジ マフィン〉と同じ要領で生地を作る。
2　型に入れた生地にレモンの輪切りをのせる。
3　190℃のオーブンで20分ほど焼く。オーブンから出したら、型のまま冷ます。

15 パンプキンキャラメルマフィンの作り方

ボリュームも栄養も十分なカボチャのマフィンは、朝食にもおすすめ。
サツマイモで作っても合います。

◎材料(直径7cm×6個)
A　薄力粉…180g
　　ベーキングパウダー…9g
　　重曹…1g
B　豆乳…140g
　　菜種油…45g
　　てんさい糖…40g
　　メープルシロップ…30g
　　甘酒…20g
　　カボチャ…1/8カット
＊キャラメルチップ…適量
トッピング
　　カボチャ…1/8カット
　　パンプキンシード…適量

◎下準備
・ザルを重ねたボウルに、Aを量っておく。
　別ボウルに、Bを量っておく。
・カボチャを蒸して切っておく。
　1/8は1cm角切り、トッピングの1/8は
　厚さ5mmにして半分に切る。

・キャラメルチップを作っておく。
・マフィン型にマフィンカップを敷いておく。
・オーブンを190℃に温めておく。

◎作り方
1　Aの粉類をふるう。Bは砂糖のざらつきがなくなるまでよく混ぜたら、Aのボウルに一気に加える。
2　1をこねないように、ゴムべらで底からさっくり混ぜる。粉っぽさがなくなる程度に混ざったら、キャラメルチップを入れてざっと混ぜる。
3　スプーンで生地をすくって、手早く均等にマフィン型に入れる。
　※1～3の生地作りはP.50～51と同じ要領。
4　型に入れた生地の上にカボチャとパンプキンシードをのせる。
5　190℃のオーブンで20分ほど焼く。オーブンから出したら、型のまま冷ます。

＊キャラメルチップの作り方

1　鍋にてんさい糖50g、水大さじ1を入れ、中火にかけて好みのキャラメル色になるまで沸騰させる。完成直前の色で火から外すと余熱で色が濃くなる。ぬらしたダスターの上に置いて鍋底を冷やして焦げを止める(a)。
2　とろんとしたら、オーブンシートの上に流して冷ます(b)。
3　オーブンシートに包むようにして、手でしゃがしゃに割る(c)。すぐ使わない分は乾燥剤を入れて密封袋で冷蔵保存する(d)。

☆マフィンのほか、クッキーやスコーン、ホットケーキなどお菓子作りに使い道いろいろ。

a

薄めの色なら甘さが際立ち、濃いめの色ならビターな甘味になる。

b-1　　　　　b-2

c-1

c-2

d

16 アップルシナモン ビスケットタルトの作り方

きほんのビスケットタルト

タルト生地がこんなに簡単なんて！ と教えるたびに感激されるビスケットタイプのタルト。リンゴは一度火を通すのでどの種類でもおいしくできます。

◎材料（直径7cm×6個）
A　薄力粉…150g
　　アーモンドパウダー…15g
　　ベーキングパウダー…3g
菜種油…60g
メープルシロップ…40g
＊アップルシナモン…1と1/2個分

◎下準備
・ボウルにAを量っておく。
・アップルシナモンを作っておく。
・オーブンを180℃に温めておく。

＊アップルシナモンの作り方
1 リンゴは芯を除き、皮つきのまま厚さ1cmのくし切りにカット。
2 フライパンに薄く菜種油をひき、リンゴを炒め、てんさい糖小さじ1/2を加えて、さらに炒める。
3 しんなりしてきたら全体にシナモン適量をまぶし、バットに取り出す。

◎作り方

1 粉に油をもみ込む
Aの粉類のボウルに菜種油を入れ、もみ込んで粉に油を行き渡らせる(a)。

2 生地をまとめる
1にメープルシロップを入れ(b)、カード（なければゴムべら）で切るようになじませる(c)。粉っぽさがなくなったら、生地をひとまとめにする(d)。

3 のばす
2の生地を、めん棒で厚さ1cmにのばす。

4 型で抜く
型で抜き(e)、オーブンシートに並べる。

5 焼く
180℃のオーブンで20分ほど焼く(f)。

6 トッピングのせ→仕上げ焼き
オーブンから一度取り出して、生地の上にアップルシナモンをのせる(g)。再びオーブンに戻し、180℃のまま10〜15分焼く。天板の上で冷ます(h)。

☆フルーツと相性がよく、アレンジも多彩。イチジク、洋ナシ、柑橘類もおすすめ。

a 　b　c　d

e
フリーザー袋(P.7 図ア)に生地をはさんでのばすと扱いやすい。

f
この時点で生地は7〜8割焼けている感じ。

g
アップルシナモンを4〜5片ずつ、見映えよく盛る。

h

17 チョコバナナ ビスケットタルトの作り方

チョコの風味が、植物性だけとは思えない濃厚リッチな味わい。
トッピングにココナッツやアーモンドスライスをのせるとさらに華やぎます。

◎材料（直径7cm×6個）
A　薄力粉…150g
　　アーモンドパウダー…15g
　　ベーキングパウダー…3g
　　チョコレート…30g（細かく刻む）
菜種油…60g
メープルシロップ…40g
バナナ…2本
カカオニブ…適量

◎下準備
・ボウルにAを量っておく。
・バナナを厚さ3〜4mmに薄切りしておく。

斜めに切ると盛り映えする。

・オーブンを180℃に温めておく。

◎作り方
1 〈16 アップルシナモン ビスケットタルト〉1〜5 と同じ要領でタルト生地を焼く。
2 オーブンから一度取り出して、生地の上にバナナとカカオニブをのせる。
3 再びオーブンに戻し、180℃のまま10〜15分焼く。天板の上で冷ます。

18 ハワイアン ビスケットタルトの作り方

パイナップルの甘味にココナッツファインのまろやかなフレーバーをプラス。
タルト生地の大らかさと相まってほっこりする仕上がりです。

◎材料（直径7cm×6個）
A　薄力粉…150g
　　ココナッツファイン…30g
　　アーモンドパウダー…15g
　　ベーキングパウダー…3g
菜種油…65g
メープルシロップ…40g
パイナップル…6〜7枚（輪切りの缶詰）

缶詰から器に出して汁気を切る。

◎下準備
・ボウルにAを量っておく。
・パイナップルの汁気を切っておく。
・オーブンを180℃に温めておく。

◎作り方
1 〈16 アップルシナモン ビスケットタルト〉1〜5 と同じ要領でタルト生地を焼く。
2 オーブンから一度取り出して、生地の上にパイナップルをのせる。
3 再びオーブンに戻し、180℃のまま10〜15分焼く。天板の上で冷ます。

19 季節のフルーツタルトの作り方

クリームトッピング

お手軽にできるタルト生地を焼いて。
旬のフルーツを数種類盛って、おもてなしデザートに！

◎材料（作りやすい分量）
A　薄力粉…150g
　　アーモンドパウダー…15g
　　ベーキングパウダー…3g
菜種油…60g
メープルシロップ…40g
豆腐カスタードクリーム…適量（P.60参照）
季節のフルーツ…適量
　　イチゴ、バナナ、ブドウ、パイナップル、
　　洋ナシ、柑橘類など
**ナパージュ（ツヤ出し）…適量（なくてもいい）

◎下準備
・ボウルにAを量っておく。
・トッピングのフルーツを食べやすく切っておく。
・オレンジとグレープフルーツなどの柑橘類は*房どりする。
・**ナパージュを作っておく。
・オーブンを180℃に温めておく。

◎作り方
1. Aの粉類のボウルに菜種油を入れ、もみ込んで粉に油を行き渡らせる。
2. 1にメープルシロップを入れ、カード（なければゴムべら）で切るようになじませる。粉っぽさがなくなったら、生地をひとまとめにする。
3. 2の生地を、めん棒で厚さ5mmにのばす。
　※フルーツとクリームをのせるので、生地は薄く。
4. 丸型で抜いたり、包丁で四角に切って、オーブンシートに並べる。
　※1～4はP.54～55と同じ要領。
5. 180℃のオーブンで20～30分ほど焼く。天板の上で冷ます。
6. 5の生地の上に豆腐カスタードクリームをのせて、好きなフルーツを飾る（P.57 a、b）。お好みでナパージュをかける。

☆生地とクリームがなじむと一層おいしくなるので、食べる3時間前くらいに仕上げておくのがおすすめ。

---

*柑橘類の房どり（房から果肉を取り出す）やり方

1. ヘタの上下を切り落とす(a)。
2. 曲線にそって、白い部分と果肉の間ギリギリに包丁を入れ皮をむく(b)。
3. 皮の白い部分が残っていたら切り取り、全部きれいにむく。
4. 房の境目に包丁を入れ(c)、中心に向かって切り込み、房から実を外す(d)。
5. 順に房から取り出せば、きれいな果肉だけ切り出せる(e)。

☆よく切れる小さな包丁を使うことが大事！

☆絞り袋でクリームを飾る〈グレープフルーツタルト〉

クリームを詰めた絞り袋は中身がもれないようひねって指でしっかり固定。

房どりしたグレープフルーツをのせる。

☆スプーンでクリームを飾る〈洋ナシタルト〉

2本のスプーンを使ってクリームを盛る。

フルーツが盛りやいようにクリームを置く。

＊＊ナパージュの作り方

1. 鍋にリンゴジュース(透明なもの)175 g、葛粉7 g、寒天0.5 gを入れ、中火で煮立てる。
2. 1をかき混ぜ、全体に透明感が出てきたら火を止める。
3. 冷まして常温になってから使う(冷やすと固まるので冷蔵庫には入れないで)。

☆ナパージュはツヤ出しとフルーツの固定に使用。なくてもいいけど、使うと仕上がりがぐんと上等に。

20〜22 〈おかずタルト生地〉の作り方

おかずタルト

甘くないおかず系のタルト生地。酒粕に塩麹、と発酵食材が入ることで
少しの塩気と滋味が増し、上にのせる素材を引き立てるごはんのような役割に。
野菜やキノコの旨味がしみて、ほどよい食べ心地になるレシピです。

◎材料（約8×4cm長方形で6枚）
A　薄力粉…150g
　　酒粕…50g
　　アーモンドパウダー…15g
　　ベーキングパウダー…3g
　　塩…2g
　菜種油…60g
B　豆乳…20g
　　塩麹…小さじ1

◎下準備
・ボウルにAを量っておく。
　別ボウルに、Bを量っておく。
・オーブンを180℃に温めておく。

◎作り方
1　Aの粉類を手でほぐし、酒粕のかたまりを小さくする。なじんだら菜種油を入れ、もみ込んで粉に油を行き渡らせる。
2　1のボウルにBを入れ、カードで切るようにしてなじませる。粉っぽさがなくなったら、生地をひとまとめにする。
3　2の生地を、めん棒で厚さ1cmにのばす。
4　丸型で抜いたり、包丁で四角に切ってオーブンシートに並べる。
5　180℃のオーブンで20分ほど焼く。
※1〜5はP.54と同じ要領。

20 玉ネギビスケットタルトの作り方

とくに新玉ネギの時季に作らない手はありません。
ボリュームある輪切りの玉ネギには、豆乳マヨネーズを添えて召し上がれ。

◎材料
タルト生地…適量
　　〈おかずタルト生地〉の材料と同じ
赤玉ネギ…適量
塩、オリーブオイル…適量
豆乳マヨネーズ…好きなだけ（P.61参照）

◎下準備
・〈おかずタルト生地〉の下準備と同じ。
・赤玉ネギを厚さ3〜4mmに輪切りして、
　菜種油で軽く焼いておく。
　生で使うなら薄くスライスして。

◎作り方
1　〈おかずタルト生地〉と同じ要領で生地を焼く。
2　1をオーブンから一度取り出して、生地の上に玉ネギをのせて塩・オリーブオイルを軽くたらす。再びオーブンに戻し、180℃のまま10〜15分焼く。天板の上で冷ます。

21 ポテトビスケットタルトの作り方

ホクホク好きならジャガイモを厚め、サクサク好きなら薄めに、
切り方で食感の変化が楽しめます。さらに新ジャガなら旬の豊かさも味わえます。

◎材料
タルト生地…適量
　〈おかずタルト生地〉の材料と同じ
ジャガイモ…適量

◎下準備
・〈おかずタルト生地〉の下準備と同じ。
・小ぶりなジャガイモを厚さ5mmにスライスし、
　オリーブオイルで軽く炒めて塩コショウをふっておく。

◎作り方
1　〈おかずタルト生地〉と同じ要領で生地を焼く。
2　1をオーブンから一度取り出して、生地の上にジャガイモをのせる。再びオーブンに戻し、180℃のまま10〜15分焼く。天板の上で冷ます。

☆サツマイモやレンコンで作っても合います。

22 キノコビスケットタルトの作り方

キノコは生だと縮んでしまうので、軽く火を通してから
タルトに焼き込むとジューシーにいただけます。

◎材料
タルト生地…適量
　〈おかずタルト生地〉の材料と同じ
キノコ…適量
飾りのイタリアンパセリ…少々

◎下準備
・〈おかずタルト生地〉の下準備と同じ。
・好きなキノコ(今回はマイタケ1/2パック、
　シメジ1/2パック)を菜種油で
　軽く炒めて塩麹で下味をつけておく。

◎作り方
1　〈おかずタルト生地〉と同じ要領で生地を焼く。
2　1をオーブンから一度取り出して、生地の上にキノコをのせる。再びオーブンに戻し、180℃のまま10〜15分焼く。天板の上で冷ます。イタリアンパセリの飾りはお好みで。

おめかしのワザ ❷ … おいしいベジクリーム6種

豆腐クリーム

豆腐で作るクリームはヘルシーだけど、
水切りがちょっと面倒なので、
鍋で煮るやり方を編み出しました。
ハンドブレンダーを使って手間なく、
しかもおいしさもアップできました。

◎材料(作りやすい分量)
豆腐…1丁(450g)　　菜種油…55g
メープルシロップ…80g　葛粉、粉寒天…各5g
リンゴジュース…70g

◎作り方
1 鍋にすべての材料を入れて中火にかける(a)。
　沸いてきたらゴムべらで混ぜながら煮る(b)。
2 火が通ったらミキサーかハンドブレンダーで、なめらかになるまで撹拌する。
3 2を氷水に当てるか冷蔵庫に入れて冷やし固めた後に、もう一度撹拌する。

※ボウルはガラス製より熱伝導の早い金属製がおすすめ。
※冷蔵で約1週間保存可能(3～4日がおいしい期間)。保存時はラップをクリームに密着させてカバーして。

a　　　　b
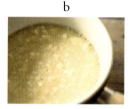

豆腐カスタードクリーム

ターメリックでほんのりカスタード色に。
豆腐とは思えない傑作クリームです。

◎材料(作りやすい分量)
豆腐…1丁(450g)　　葛粉、粉寒天…各5g
メープルシロップ…80g　ターメリック…3つまみ
リンゴジュース…70g　バニラビーンズ…1/2本分
菜種油…55g　　　　ラム酒…小さじ1

◎作り方
1 〈豆腐クリーム〉作り方1に、ターメリック、バニラを入れ、同じ要領で作る。
2 〈豆腐クリーム〉作り方2と同じ要領で作る。作り方3で冷やす前にラム酒を入れ、同じ要領で作る。

※冷蔵で約1週間保存可能(3～4日がおいしい期間)。

ココナッツクリーム

香りのないココナッツオイルで作ると、
いろんな味わいに合わせることができます。
口あたり軽やかで、きめが細やか。
熱で溶けやすいので真夏は除きますが、
デコレーションには欠かせません。

◎材料(作りやすい分量)
ココナッツオイル(香りなしタイプ)…100g
豆乳…40～50g
粉糖(てんさい糖)…50g

◎作り方
1 ボウルにすべての材料を入れ、湯煎で溶かす(a)。
2 溶けたら氷水に当て、白っぽくなるまで混ぜる。
3 固まってきたら氷水から外し、ホイッパーで混ぜて完全に乳化させる(b)。

※「氷水から外し→混ぜる」と一気に冷えきらず作りやすい。
※分離したりかたくなりすぎた場合は、温めて溶かして最初からやり直せばOK。

4 ふわふわになったら常温でキープしてデコレーションに使う。冷やすとカチカチになるのですぐ食べる場合も常温。

※失敗が続くときはココナッツオイルの量を10～20g増すと安定する(クリームの食感はかための仕上がり)。
※冷蔵で約1週間保存可能(3～4日がおいしい期間)。冷えるとカチカチになるので溶かして使う。

a　　　　b
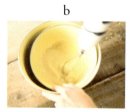

豆乳クリーム

豆乳で作るクリームは、豆腐クリームのような
豆腐独特の味もせず、生クリームと遜色なく使えます。
ただしオイルが多めなのでアニバーサリーなケーキ
(P.98〜107)のデコレーション用にして、ふだんの
おやつには素朴な豆腐クリーム、と使い分けています。

◎材料(作りやすい分量)
豆乳…200 g
菜種油…270 g
てんさい糖…40 g
レモン汁…8 g

◎作り方
1 すべての材料をミキサーかハンドブレンダーにかけ、
 しっかり乳化するまで撹拌する(a)。
 ※前日に作って、一晩冷蔵庫で寝かせるとデコレーションしやすい。クリームの水分が分離していたら、使う前にゴムベラでざっと混ぜれば大丈夫。
 ※冷蔵で約1週間保存可能(3〜4日がおいしい期間)。

a-1　　　　　　a-2

 ## 豆乳カスタードクリーム

豆腐クリーム同様に、豆乳クリームのレシピから
豆乳カスタードもできます。
使う量が少しなら、簡単にできて重宝です。

◎材料(作りやすい分量)
豆乳…200 g
菜種油…270 g
てんさい糖…40 g
レモン汁…8 g
ターメリック…2つまみ
バニラビーンズ…1/3本分
ラム酒…小さじ1

◎作り方
1 すべての材料をミキサーかハンドブレンダーにかけ、
 しっかり乳化するまで撹拌する。
 ※前日に作って、一晩冷蔵庫で寝かせるとデコレーションしやすい。
 ※冷蔵で約1週間保存可能(3〜4日がおいしい期間)。

 ## 豆乳マヨネーズ

わが家のマヨネーズの定番はこれ。サラダはもちろん、
クラッカーにディップ代わりにつけたり、
おかず系タルトなどにつけて。
粒マスタードはお好みですが、入れると風味が増します。

◎材料(作りやすい分量)
豆乳…120 g
菜種油…170 g
レモン汁…15 g
米酢…5 g
塩…4 g
粒マスタード…小さじ1

レモン汁は生しぼりがおすすめ。

◎作り方
1 すべての材料をミキサーかハンドブレンダーにかけ、
 しっかり乳化するまで撹拌する。
 ※お好みでてんさい糖など少しの甘みを加えても美味。
 ※冷蔵で約1週間保存可能(3〜4日がおいしい期間)。

CHAPTER 3
RAINBOW TABLE BREAD

暮らしを豊かにする
日々のスコーン&パン

24 クランベリー 甘酒スコーン

ほの甘いベリーの実に
甘酒と塩麹のコクがしっとり
→ recipe P.67

23 黒糖ナッツ 甘酒スコーン

黒糖と甘酒の和風ベースに
ナッツの香ばしさがアクセント
→ recipe P.66

25 イチゴ スムージー
春にはピンクのイチゴを主役に
目にも楽しい2層のスムージー
→ recipe P.68

26 ブルーベリー スムージー
ブルーベリー&バナナで
シックな色合わせのスムージー
→ recipe P.68

27 グリーンスムージー
甘いパンのおともには、
緑たっぷりのスムージーを
→ recipe P.68

28 シナモン甘酒ロール
くるくるシナモンペースト
味も表情も愛すべきスコーン
→ recipe P.69

23 黒糖ナッツ 甘酒スコーンの作り方

きほんの甘酒スコーン

くり返し作り続けているスコーンは、甘酒＆黒糖のやさしい甘味。
外がさくっと、中がふわっとした食べ心地のよさは、
マフィンと同じく、手早さがポイント。
黒糖は産地などによって甘味に個性があります。いろんな黒糖でお試しを。

◎材料(6個)
A　薄力粉…250 g
　　ベーキングパウダー…7g
　　重曹…1 g
B　菜種油…70 g
　　黒糖…40 g
　　豆乳…35 g
　　甘酒…30 g
　　塩麹…小さじ1/4
ピーカンナッツ…40 g＋トッピング用6個

◎下準備
・ザルを重ねたボウルに、Aを量っておく。
　別ボウルにBを量っておく。
・ピーカンナッツ40gは粗く刻んでおく。

・オーブンを180℃に温めておく。

◎作り方

1 材料を合わせる
Aの粉類をふるう(a)。Bは黒糖のざらつきがなくなるまでよく混ぜたら、Aのボウルに一気に加える(b)。

2 生地を作る
1をこねないようにカード(またはゴムべら)で切るように手早く混ぜる(c)。粉っぽさを少し残して、「半分に切って重ねて押す」を3回ほどくり返す(d)。

3 成形
軽くまとめた生地を、めん棒でのばして約18×6cmの長方形に整える(e)。

4 カットする
端を切り落とし、3等分(6×6cmの四角形)になるよう生地に包丁で印をつけて、対角線に切って三角形を6個作る(f)。

e-2 最初は定規で測り、手慣れたら目測でOK。

f-1 断面をつぶさないように。

f-2 包丁で切り込みを軽く入れ、すぱんと切る。

5 豆乳を塗る

オーブンシートに並べ、生地の表面に豆乳（分量外・適量）を塗る。トッピングのピーカンナッツを、軽く指で押して生地にくっつける(g)。

6 焼く

180℃のオーブンで20分ほど焼く。網などにのせて冷ます。

☆ピーカンナッツ以外に、クルミやマカダミアなどナッツの種類で違う風味や食感が楽しめます。

g-1

g-2

g-3

豆乳クリーム(P.61)やジャムなど添えても。

24 クランベリー 甘酒スコーンの作り方

材料さえ準備しておけば、忙しい朝でも30分かからず、焼きたてが食べられます。塩麹はなくても作れますが、入るとコクが出ておいしく仕上がるので、ぜひ！

◎材料(6個)
A　薄力粉…250g
　　ベーキングパウダー…7g
　　重曹…1g
B　菜種油…70g
　　てんさい糖…30g
　　豆乳…35g
　　甘酒…30g
　　塩麹…小さじ1/4
クランベリー、クルミ…適量

◎下準備
・ザルを重ねたボウルに、Aを量っておく。別ボウルにBを量っておく。
・クルミは軽くローストして刻んでおく。
・オーブンを180℃に温めておく。

◎作り方

1 〈23 黒糖ナッツ 甘酒スコーン〉と同じ要領で生地を作る。

2 軽くまとまった生地は、めん棒でのばして約15×12cmに整える。

3 2の4辺の端を、包丁でぱんと切り落とす。タテ2等分、ヨコ3等分して四角形にカット(a)。

4 オーブンシートに並べ、生地の表面に豆乳(分量外・適量)を指で塗る。

5 180℃のオーブンで20分ほど焼く。網などにのせて冷ます。

☆クランベリーのほか、アンズなどのドライフルーツ、チョコレート、キャラメルチップなどアレンジを楽しんで。

a

切り口の断面をきれいに。

MORE POINT

◎おいしい生地のヒミツは「ベーキングパウダー×重曹」……

ベーキングパウダーは水分にすぐ反応する性質なので、素早い作業が必須。のんびり生地を作っていると、ふくらみをつぶしてしまうことに。重曹は加熱しないと反応しない性質なので、オーブンで焼くときにベーキングパウダーのふくらみを加勢してくれる心強いもの。さらに重曹を入れると焼き上がりの色がよくなります。ほんの少量、重曹を加えることで、サクサクのおいしい生地が安定して作れます。

25 イチゴ スムージーの作り方

カラフルスムージー

色を2層にする、そのコツは濃度です。
どっしり濃いものを下にすると、上にさらっとしたものを入れても混ざりにくいのです。
ただし、どっと一気に注ぐと混ざりやすいので気をつけて。

◎材料(250mlのコップ目安)
A　バナナ…1本(約100g)
　　水…40g
　　キウイ…30g
B　イチゴ…15g
　　バナナ…1/2本
　　水…20g
飾りのレモンの輪切り、イチゴの角切り…少々

◎作り方
1　Aをミキサーで撹拌する。
2　グラスの側面にレモンの輪切りを入れ、1を注ぐ。
3　Bをミキサーで撹拌して2にゆっくり注ぐ。お好みでイチゴを飾る。

26 ブルーベリー スムージーの作り方

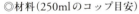

ブルーベリー1種類でもいいし、ベリー系を数種類混ぜても。

◎材料(250mlのコップ目安)
A　バナナ…1本(約100g)
　　水…40g
　　ブルーベリー…30g
B　バナナ…1本
　　水…40g
飾りのブルーベリー…少々

◎作り方
1　Aをミキサーで撹拌してグラスに注ぐ。
2　Bをミキサーで撹拌して1にゆっくり注ぐ。お好みでブルーベリーを飾る。

27 グリーンスムージーの作り方

甘いパンが朝食の日は、サラダ代わりのスムージーを添えれば栄養バランスも安心。
ホウレンソウのほかにキャベツ、セロリ、春菊やハーブなど
新鮮な旬の緑野菜で作ってみて。

◎材料(250mlのコップ目安)
A　バナナ…1本(約100g)
　　水…40g
　　ホウレンソウなど緑野菜…15g
飾りのハーブ…少々

◎作り方
1　Aをミキサーに入れて撹拌して、グラスに注ぐ。ハーブのトッピングはお好みで。

28 シナモン甘酒ロールの作り方

甘酢スコーンアレンジ

生地をすぱんと切ると、きれいなくるくる模様になります。
切り口はふくらみが悪くなるので、触らないように。
お好みでレーズンやクルミを入れても。

◎材料(6個)
A　薄力粉…250g
　　ベーキングパウダー…4g
　　重曹…1g
B　菜種油…75g
　　豆乳…45g
　　甘酒…30g
　　てんさい糖…30g
シナモンペースト…適量

◎下準備
・ザルを重ねたボウルに、Aを量っておく。
　別ボウルにBを量っておく。
・シナモンペーストの材料、メープルシロップ・
　てんさい糖・シナモン各10gを
　混ぜ合わせておく。

・オーブンを180℃に温めておく。

◎作り方
1　Aの粉類をふるう。Bは砂糖のざらつきがなくなるまでよく混ぜたら、Aのボウルに一気に加える。
2　1をこねないようにカード(またはゴムべら)で手早く混ぜる。粉っぽさを少し残して、「半分に切って重ねる」を3回ほどくり返す。
3　フリーザー袋に生地をはさみ、めん棒でのばし約18×18cmに整える。
4　生地の上辺に余白を残し、まんべんなくシナモンペーストを塗り広げる(a)。下から上へくるりと巻いて、巻き終わりをしっかりくっつける(b)。
5　太さが均一に、長さ約18cmになるよう形を整えたら、6等分(厚さ約3cm)に手早くカット(c)。
6　オーブンシートに断面を上にして形よく並べ、側面に豆乳を塗る(d)。
7　180℃のオーブンで25～30分ほど焼く。網などにのせて冷ます。

☆スコーンはどれも食べる前にオーブンやトースターで温めると、焼きたてのおいしさになります。

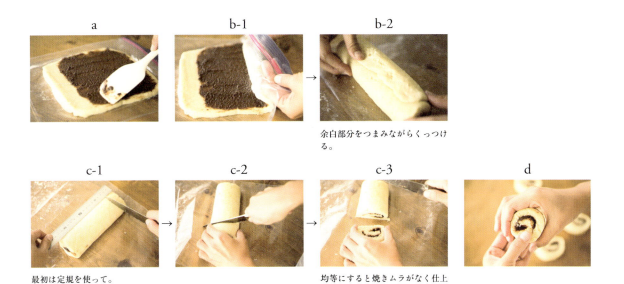

a

b-1

b-2
余白部分をつまみながらくっつける。

c-1
最初は定規を使って。

c-2

c-3
均等にすると焼きムラがなく仕上がりがきれい。

d

29 ころころプチパン

外はさくっと中はもっちり
毎日食べたくなる天然酵母パン
→ recipe P.74

30 グリーンサラダ

いつもの緑野菜で、ちょっぴりアート
日々の食卓を楽しくする一皿を
→ recipe P.77

31 レインボーブレッド

天然酵母で作る虹色のパン
目にも幸せで食べてもおいしい
魔法がぎゅっと詰まっています
→ recipe P.78

29 ころころプチパンの作り方

きほんの天然酵母パン

毎日食べても飽きない天然酵母のテーブルパン。道具と材料が少なく、省ける工程はなるべく省いて何度も試作したレシピです。
はじめてパンを作る人でも、きっと簡単にできますよ。

◎材料(直径7〜8cm×6個)
A　強力粉…220g
　　てんさい糖…8g
　　塩…3.5g
　　天然酵母…1.5g
B　水…70g
　　豆乳…70g
菜種油…25g

◎下準備
・ボウルに、Aを量っておく。
　別ボウルに、Bを量っておく。

◎作り方

1 材料を合わせる
ボウルにAを合わせ軽く混ぜ、Bを加えてに水分が行き渡るようざっと混ぜる(a)。まとまってくるまで、ある程度こねる(b)。菜種油を加え、もみ込むように混ぜる(c)。

2 こねる
台に生地を出し、さらによくこねる(d)。ざらつきがなくなったら、丸めてボウルに入れる。

3 1次発酵
ラップをして＊温かいところ(28℃目安)で2〜3時間ほど置く(e)。ふくらんだ生地に指をさし、指あとがすぐ元に戻らなければ1次発酵は完了(f)。

b-3　指先で生地を押さえ「のばし、丸め、のばし」をくり返す。

c-2　最初はカードなどで全体に油をなじませる。

4 分割する

生地の表面に打ち粉(分量外)をして取り出す(g)。
6分割(1個約60g)にカットする(h)。

5 ベンチタイム

軽く丸めて20分ほど休ませる(i)。

6 ガスを抜く

生地の閉じ目を上にして台に出し、ポンポンと指で突いてガスを抜く(j)。

7 成形

手で三角を作り、生地を手前に転がして丸める(k)。生地にハリが出るまで丸めて、裏面をしっかり閉じる(l)。

8 仕上げ発酵

オーブンシートに並べ、*温かいところ(28℃目安)で40分ほど置く。生地を指で押して、指あとがすぐ元に戻らなければ仕上げ発酵は完了。

※仕上げ発酵の間に、オーブンを220℃に温めておく。

9 焼く

表面に豆乳を塗る(m)。220℃のオーブンで10分ほど、きれいな焼き色がつくまで焼く。網などにのせて冷ます。

*温かいところ(28℃目安)とは、春は室温、夏は少し涼しい日陰、秋〜冬は暖房した室内。直射日光の当たらない温かな場所です。

i-2 親指と人差し指でつまんで閉じる。

k 台に引っかけるように、手前に転がす。

l-1 表面がぱーんと張るように、裏に生地を寄せて指でつまんで閉じる。

More Point

◎自家製の天然酵母にチャレンジ……

はじめての天然酵母はレーズン酵母で作ってみましょう。教室で教えると「意外に簡単！」という声が多数。ぷくぷく成長する姿を見守っていると、自然とつながって「酵母を育てる」感じに癒やされるんですよ。酵母を育てる、そのゆっくりとした時間を楽しんで。そして何より「自家製酵母のパンは、市販の酵母で作るパンよりずっとおいしい」ということを実感してみて。

◎材料（500mlの密閉ビン）
レーズン（オイルコートなし）…80g
水（浄水）…240g

◎下準備
・ビンは熱湯消毒して、清潔なフキンの上で常温にしておく。

◎作り方
1 ビンにレーズンと水を入れ、しっかりフタを締める。温かいところにビンを置く（a）。
2 1日1回上下を返すように振り、フタを開けて空気を入れ替え、ガス抜きする。
3 発酵が進むと、レーズンが上部に浮いてくる。フタを開けてブシュッと音がして泡立ち、発酵臭がしてきたら酵母エキスの完成（b）。

☆酵母液をパンに使いながら、冷蔵庫で1カ月ほど保存可能。
☆ゆっくり発酵が進んでいるので、ときどきフタを開けてガスを抜く。
☆発酵が弱くなったら砂糖を加えると元気が出てきます。

a

発酵にかかる時間は環境や季節でまちまち。

b-1　→　b-2

シュワシュワ泡立ち、フルーティーなアルコールのような香りがしたらOK。

・発酵中のビンの置き場所は？
　温度が安定している場所へ置くと酵母も健やかに育つ。
　環境や季節などで酵母の出来が変わるので最適な場を探してみて。
・もしレーズンがカビてしまったら？
　混ぜずにカビてしまったレーズンをスプーンですくって取り除けばOK。
・腐敗臭がするようなら？
　雑菌の繁殖が考えられるので、はじめからやり直しがベスト。
　失敗は成功のもと。トライすれば確実に上達します！

◎自家製のレーズン酵母液でパンを作るには…

〈29 ころころプチパン〉を自家製天然酵母液で作る場合
　　材料…天然酵母1.5g×水70g→酵母液70gに変更。
　　作り方…1次発酵は8時間、2次発酵は2時間にします。
〈31 レインボーブレッド〉を自家製天然酵母液で作る場合
　　材料…天然酵母1.25g×水115g→酵母液55g×水60gに変更。
　　作り方…1次発酵は8時間、2次発酵は2時間にします。

30 アートサラダ
グリーンサラダ(玉ネギドレッシングつき)の作り方

なんでもない緑野菜を、ちょっとアートな味つけで
目にも楽しいサラダにするアイデアです。おもてなしの前菜にもぴったり。
特製の玉ネギドレッシングを添えて。普通の玉ネギでもOKですが、
赤玉ネギで作ると色がきれい。新玉ネギならより美味です。

◎材料
サラダで食べたい野菜…適量
　　　今回はレタス、グリーンカール、ブロッコリー、
　　　ミニトマト、アスパラガス
＊玉ネギドレッシング…適量

◎下準備
・アスパラガスとブロッコリーなどは下ゆでしておく。
・葉ものは水で洗いシャキッとさせる。
・ミニトマトはヘタをとり半分にカット。
・＊玉ネギドレッシングを作っておく。

＊玉ネギドレッシングの作り方
1 フードプロセッサーで調味料(米酢・菜種油各50g×てんさい糖35g×塩7g)を撹拌し、乳化させる。
2 食感が残るくらい粗く包丁で切った赤玉ネギ150gを1に加え、混ぜ合わせる。
3 味がなじみ玉ネギの辛みが落ち着いたら、食べる前に味をみて、お好みで砂糖や塩を足して。

☆キャベツや、蒸したカボチャやポテトとあえても合います。

◎作り方(木のデザイン)
1 アスパラガスを幹に見立てて皿の真ん中に配置。葉もの野菜をバランスよく木の葉に見立てて並べていく。
2 トマトとブロッコリーなどをバランスよく飾る。
3 お好みで玉ネギドレッシングをかけて。

31 カラフルブレッド レインボーブレッドの作り方

「食べてみたい作ってみたい」リクエストNo.1が、この虹色のパン！ 今回はご家庭でも作りやすくしたお宝レシピ。コツは、野菜パウダーを混ぜる色生地と、水出しするブルーの色生地とを、別々にこねて成形すること。

◎下準備
・Cの水にバタフライピーを一晩浸し、ブルーを抽出。花はしぼって除く。

◎材料（1.5斤×1本分）
*野菜パウダーの色生地
A 強力粉…180g
　塩…3g
　てんさい糖…10g
　天然酵母…1.25g
　水…115g
パームオイル…20g
カラーパウダー3〜4種類…各少々
　今回はパプリカ…1g、ターメリック…薬さじ3、紫イモパウダー…2g、ヨモギ…1gの4色
**ブルーの色生地
B 強力粉…180g
　塩…3g
　てんさい糖…10g
　天然酵母…1.25g
C 水…115g
　バタフライピー（P.33参照）…1.5g
パームオイル…20g

*野菜パウダーの色生地を作る

1 ボウルにAを合わせ、粉に水分が行き渡るように混ぜ、まとまってくるまでこねる（a）。
2 表面がまとまってきたら、パームオイルをもみ込むように混ぜる（b）。
※生地作りはP.74〜75と同じ要領。
3 生地をパウダーの色数分にカット（今回は4等分）。各パウダーを混ぜてこね、軽く丸めておく（c）。

**ブルーの色生地を作る

1 ボウルにBを合わせ、Cのブルーの水を入れ、粉に水分が行き渡るよう混ぜてこねる（d）。パームオイルを混ぜてこね、軽く丸めておく（e）。
※生地作りはP.74〜75と同じ要領。

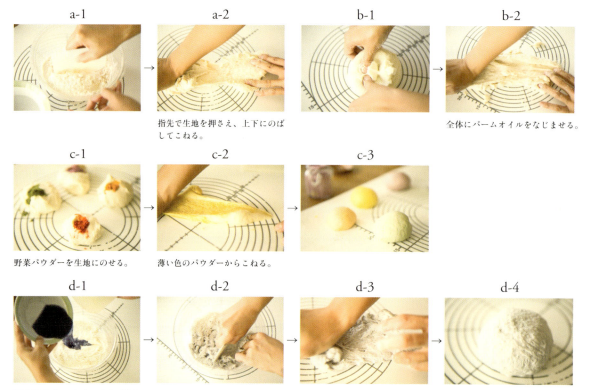

a-1　a-2 指先で生地を押さえ、上下にのばしてこねる。
b-1　b-2 全体にパームオイルをなじませる。
c-1 野菜パウダーを生地にのせる。　c-2 薄い色のパウダーからこねる。　c-3
d-1 下準備でブルーになった水で粉をこねる。　d-2　d-3　d-4 まとまってくるまでこねる。

◎作り方

1 **色生地をまとめる**
すべての色生地がそろったら、配色を考えて重ねる(f)。丸くまとめ(g)、ボウルに入れる。

2 **1次発酵**
ラップをして温かいところ(28℃目安)で2〜3時間ほど置く(h)。ふくらんだ生地に指をさし、指あとがすぐ元に戻らなければ1次発酵は完了(i)。

3 **分割する**
生地の表面に打ち粉(分量外)をして閉じ目を上にして台に出し、2等分にする(j)。

4 **ベンチタイム**
軽く丸め、20分ほど休ませる(k)。
※型にパームオイルを塗っておく。

5 **ガスを抜く**
生地を手のひらで押しつぶし、ガスを抜く(l)。

6 **成形→型に入れる**
丸め直し、2個とも閉じ目を下で型に入れる(m)。

7 **仕上げ発酵**
温かいところ(28℃目安)で40〜60分ほど置く。
※オーブンを210℃に温めておく。
型の9分目まで上がって、生地に指を軽く押してみて指あとがすぐ元に戻らなければ仕上げ発酵は完了。表面に豆乳を塗る(n)。

8 **焼く**
210℃のオーブンで35分ほど焼く。焼き上がりを型ごと持ち上げ、型底を台に打ちつけて出しやすくする。熱いうちに型から出し、網などにのせて冷ます。

☆バターが使える場合は、パームオイルをバターにすると風味よく仕上がります。
☆黄色×ブルー×白、ピンク×ブルーなど、自分の好きな色の組み合わせでアレンジして。

More Point

◎発酵の調整は……
・発酵不足→ふくらみが悪い、焼きたてなのにかたい場合、発酵時間を長めに。
・発酵しすぎ→生地分割でしぼむ、焼き上がりのパンが酸っぱい場合、発酵時間を短めに。

e / f-1 / f-2 / g

ブルーの色生地はバランスを見て分割する。
色並びで出来上がりの表情が違ってくる。
表面を丸め、裏はつまんで閉じる。

h / i / j / k

切った2つの生地は、はかりを使って同量に調整。
乾燥していたらフキンをかけて生地を休ませる。

l / m-1 / m-2 / n

半分に折ってさらに折って、丸める。
表面が張るように、裏に生地を寄せて指でつまんで閉じる。

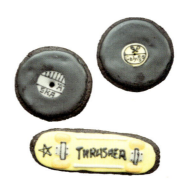

おしゃれと音楽と

　「手の仕事」の豊かさは、作った人の心持ちが反映されること。お母さんの作ってくれたおむすびが、なんだかおいしく感じるように、手作りのお菓子もおんなじ。だから作るときは気分よく、といつも心がけています。
　仕事となれば、朝から晩までお菓子作りをこなす日もありますが、そんなときわたしの元気の素が、おしゃれや音楽です。たとえば、がんばる日には、勝負服ならぬ勝負エプロン。友人が作ってくれたエプロンを身に着けると、やる気がぐんとアップします。
　BGMも大事で、ストイックになりそうなときはハワイアンミュージックをかけて、南国へ心を飛ばしてリフレッシュ。ノリノリの曲で踊りながら"ダンシング仕込み"で、作業のテンポもあがってきます（笑）。
　こんなふうに音楽やおしゃれがお菓子とつながったのは、じつは病気をしてお菓子から離れた時期、洋服屋さんで働き、ミュージシャンやスケーターの友人ができ、活動の視野が広がったおかげ。音楽からインスピレーションを受けて、虹色のパンが生まれたり。海で泳いで、海水からパンを焼いたらどう？　なんてひらめくことも。「好き」や「楽しい」をスパイスにすれば、世界で一つだけのお菓子が生まれます。

32 バニラカップケーキ

ふわっふわの生地にバニラの香り
誰からも愛される特製カップケーキ
→ recipe P.90

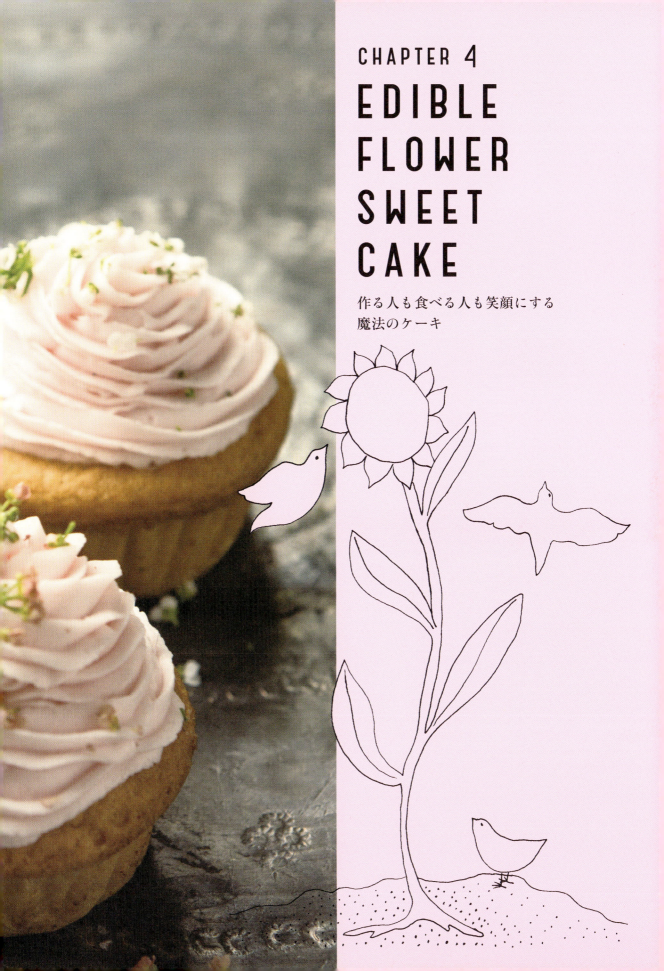

CHAPTER 4
EDIBLE FLOWER SWEET CAKE

作る人も食べる人も笑顔にする
魔法のケーキ

33 モカ カップケーキ

コーヒーのシックな風味に
楚々とした白花を添わせ
→ recipe P.91

34 ココアバニラ カップケーキ

ココア生地にスミレ色クリーム
甘辛コーデには花一輪で
→ recipe P.91

35 甘酒ガトーショコラ

簡単に作れてリッチな味わい
手みやげスイーツや
バレンタインデーにぴったり
→ recipe P.92

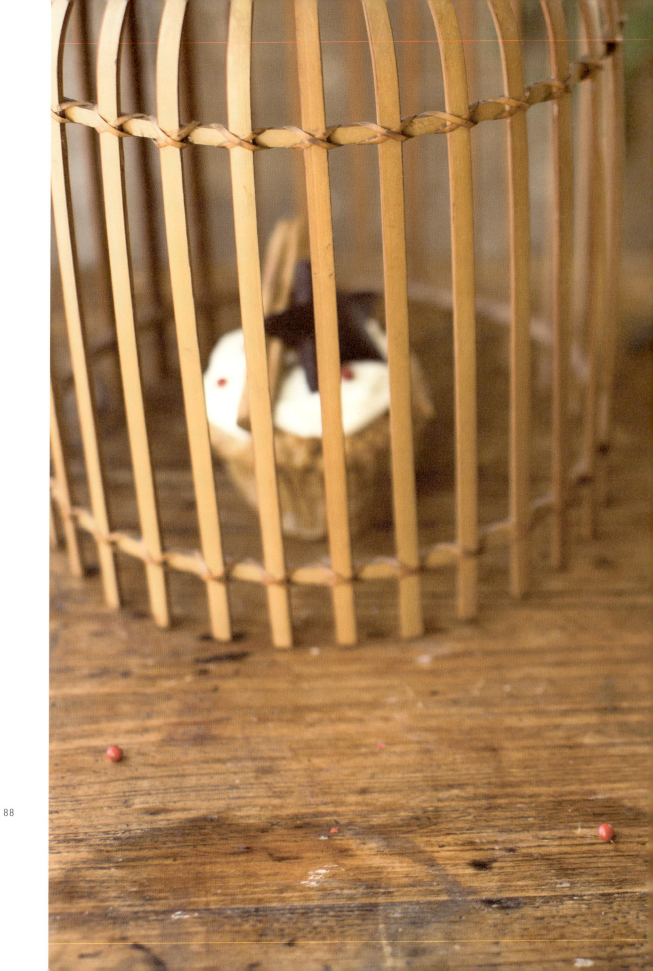

36 キャロットケーキ

おうち行事にかわいくデコ
素朴なニンジンケーキは
アレンジ豊富です
→ recipe P.93

32 バニラカップケーキの作り方

きほんのカップケーキ／カラークリーム／フラワー

ふわっふわできめ細かな生地のカップケーキ。
ポイントは、ホイッパーを使ってさっと素早く混ぜるところ。
ピンクのココナッツクリームは絞りがきれいで口どけも軽く、
クリームたっぷりのカップケーキ向きです。

◎材料（直径7cm×6個）
A　薄力粉…90g
　　ベーキングパウダー
　　…6g
　　重曹…0.5g
B　豆乳…95g
　　菜種油…60g
　　てんさい糖…40g
　　バニラエクストラクト…大さじ1
＊ピンクのココナッツクリーム…適量（P.60参照）
エディブルフラワー…適宜（P.94参照）

◎下準備
・ザルを重ねたボウルに、Aを量っておく。
　別ボウルに、Bを量っておく。
・マフィン型にマフィンカップを敷いておく。
・ピンクのココナッツクリームを作っておく。
・オーブンを190℃に温めておく。

＊ピンクのココナッツクリームの作り方
1　ココナッツクリーム（P.60）の材料の豆乳にビーツパウダー（3つまみ目安）をよく混ぜる。
2　ピンクの豆乳でココナッツクリームを作る。

◎作り方

1　材料を合わせる
　Aの粉類をふるう（a）。Bは砂糖のざらつきがなくなるまでよく混ぜ、Aのボウルに入れる（b）。

2　混ぜる
　1をこねないように、ホイッパーで手早く混ぜる（c）。

3　型に入れる
　粉っぽさが消えたら、型に手早く均等に生地を入れる（d）。

4　焼く
　190℃のオーブンで20分ほど焼く。オーブンから出したら型のまま冷ます（e）。

5　デコレーション
　ピンクのココナッツクリームを絞る（f）。お好みでエディブルフラワー（今回はアリッサム）を飾る。

a

b
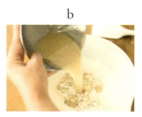

c

ホイッパーを使うのは素早く混ぜるため。決してねらないで。

d

型に入れたら手早くオーブンへ！

e

粗熱がとれたらデコレーションOK。

f-1

絞り袋をコップにセットしてクリームを詰めるとラク。

f-2
袋を持つ手でクリームを押し出し、もう片方の手で支える。

f-3

33 モカ カップケーキの作り方

コーヒーの風味よく、ひそかに人気の高いケーキです。
インスタントコーヒーはオーガニック製を使っています。

◎材料（直径7cm×6個）
A　薄力粉…90 g
　　ベーキングパウダー…6 g
　　重曹…0.5 g
B　豆乳…95 g
　　菜種油…60 g
　　てんさい糖…40 g
　　インスタントコーヒー…3.5 g
＊モカのココナッツクリーム…適量（P.60参照）
エディブルフラワー…適宜（P.94参照）

◎下準備
・〈32 バニラ カップケーキ〉の下準備と同じ。
・Bの砂糖とインスタントコーヒーが溶けやすいように一度混ぜておく。
・モカのココナッツクリームを作っておく。

＊モカのココナッツクリームの作り方
1　ココナッツクリーム（P.60）の材料の豆乳にインスタントコーヒー（4g目安）を混ぜる。

2　モカ色の豆乳でココナッツクリームを作る。

◎作り方
1　〈32 バニラ カップケーキ〉と同じ要領で生地を焼く。
2　モカのココナッツクリームをパレットナイフなどで塗り盛り（a）、お好みでエディブルフラワー（今回はノースポール）を飾る。

a-1	a-2	a-3

多めのクリームを真ん中にのせる。	全体に塗り広げる。	最後はナイフの先をくるっと返す。

34 ココアバニラ カップケーキの作り方

ココア味の生地もココナッツクリームも甘さ控えめ。
女性に断トツ人気です。

◎材料（直径7cm×6個）
A　薄力粉…60 g
　　ココアパウダー…30 g
　　ベーキングパウダー…6 g
　　重曹…0.5 g
B　豆乳…100 g
　　菜種油…65 g
　　てんさい糖…40 g
＊ブルーのココナッツクリーム…適量（P.60参照）
エディブルフラワー…適宜（P.94参照）

◎下準備
・〈32 バニラ カップケーキ〉の下準備と同じ
・ブルーのココナッツクリームを作っておく。

＊ブルーのココナッツクリームの作り方
1　ココナッツクリーム（P.60）の材料の豆乳にバタフライピー（P.33参照、0.5g目安）を一晩浸し、ブルーの色を抽出。

2　1の花はしぼって除き、ブルーの豆乳でココナッツクリームを作る。

◎作り方
1　〈32 バニラ カップケーキ〉と同じ要領で生地を焼く。
2　ブルーのココナッツクリームを絞り、お好みでエディブルフラワー（今回はビオラ）を飾る。

35 甘酒ショコラ
甘酒ガトーショコラの作り方

濃厚な甘味に魅せられるケーキです。薄くカットして濃いコーヒーのおともにすると、より美味です。簡単に作れて形も崩れにくいのでプレゼントにもおすすめ。

◎材料
(11×5.5×高さ5cmのミニパウンド型×2個)
A　薄力粉…70g
　　アーモンドパウダー…40g
　　ココアパウダー…30g
　　重曹…2g
B　甘酒…125g
　　てんさい糖…40g
　　カカオマス…25g
　　カカオバター…25g
　　レモン汁…15g
エディブルフラワー…適宜(P.94参照)

◎下準備
・ザルを重ねたボウルに、Aを量っておく。
　別ボウルに、Bを量っておく。
・型にオーブンシートを敷いておく。

・オーブンを150℃に温めておく。

◎作り方
1　Aの粉類をふるう(a)。
2　Bは湯煎にかけて溶かしてよく混ぜ、Aのボウルに入れる(b)。
3　1のボウルに2を入れ、こねないようにゴムべらでさっくり混ぜる(c)。
4　粉っぽさがなくなるまで混ぜたら、型に均等に生地を入れる(d)。お好みでエディブルフラワー(今回はキンセンカの花びら)を散らし、豆乳をつけた指で生地をならす(e)。
5　150℃のオーブンで25〜30分焼く。型のまま網などにのせて冷ます。

a　　　　　　b-1　　　　　　b-2　　　　　　c

   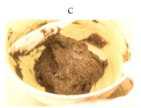

こねるとふくらみが悪くなる。

d　　　　　　e

2つの型の生地ははかりで同量に調整。　　浮いた花びらはカリカリになるのでしっかりくっつける。

More Point

◎レシピより大きい型を使うなら……

普通サイズのパウンド型なら焼き時間を30〜35分を目安にして、10分くらい前からオーブンの中をチェックして。大きい型だと真ん中がへこみ、ふくらみが小さく感じますが、仕上がりは濃厚でおいしくできます。

36 キャロットケーキの作り方

たっぷりニンジンが入って、栄養十分のおやつになるカップケーキです。
隠し味のシナモンに、さらにナツメグを加えてクリームをのせて。
トッピングで飾れば、クリスマスなどイベントのデザートにアレンジできます。

◎材料(直径7cm×6個)
A　薄力粉…130g
　　アーモンドパウダー…40g
　　シナモン…小さじ1
　　ナツメグ…少々
　　ベーキングパウダー…4g
　　重曹…2g
B　豆乳…80g
　　菜種油…50g
　　黒糖…45g
　　てんさい糖…30g
　　ニンジン…100g
　　クルミ…25g
豆乳クリーム(P.61参照)…適量
クッキー、シナモン、ピンクペッパー…適宜

◎下準備
・ザルを重ねたボウルに、Aを量っておく。
　別ボウルに、Bを量っておく。
・ニンジンはチーズおろし器などで
　粗くおろしておく。

・マフィン型にマフィンカップを敷いておく。
・オーブンを160℃に温めておく。

◎作り方
1　Aの粉類をふるう(a)。Bは黒糖のざらつきがなくなるまでよく混ぜ、Aのボウルに入れる(b)。
2　1をこねないように、ゴムべらで手早く混ぜる(c)。
3　粉っぽさがなくなるまで混ぜたら、型に均等に生地を入れる(d)。
4　160℃のオーブンで25分ほど焼く。型のまま網などにのせて冷ます。
5　お好みで豆乳クリーム、クッキー、シナモン、ピンクペッパーなどでデコレーションする(e)。

☆アイシングしたクッキーやフルーツをのせてもかわいい。

a　b　c　d

e-1　豆乳クリームをパレットナイフなどで塗る。
e-2　クルミをのせ、クッキーの支え台にする。
e-3　クッキーをのせ、ピンクペッパーを彩りに。

おめかしのワザ ③ … エディブルフラワー

エディブルフラワー（食べられる花）で彩るお菓子

　花を食べるなんてちょっと新しい試み？　なんて最近注目されていますが、欧米では古くから食用花を「エディブルフラワー」と呼び、花を料理の彩りや香りづけにしたり、ハーブや果物と同じ感覚で食べてきたそう。じつはお刺し身やおひたしに使う菊の花、春を味わうフキノトウや菜の花、アンパンについた桜の塩漬けなどもエディブルフラワー。そう、日本にも昔から花を食べる文化はあったのです。

　エディブルフラワーをお菓子に使うようになって、かれこれ10年ほど。オーガニックスイーツを作る仕事をしていて、おいしいけれど見た目がシンプルすぎるお菓子たちを、かわいくしてあげたくって、菜の花を飾ったのがはじまり。茶色いケーキが黄色い花をまとった途端に華やいで、「かわいい！」「食べてみたい！」と大人気に。花の力ってすごいものだなーとあらためて感じました。

　そもそも、わたしは小さな頃から大の植物好き。菜園と盆栽をこよなく愛する祖父の影響もあって、子どもの頃から自然の中で遊んで育ってきました。野山や道ばたで花を見つけると、うれしくってうれしくって。おうちに飾ったり、おままごとで花のごはんを作っては、小さな草花たちのいのちの輝きに心を寄せていた時間。思えば、エディブルフラワーのお菓子作りには、そんな子どもの頃のときめきを思いおこさせてくれる幸せがあります。

　お菓子もお花も、見た目からわぁと人の心を弾ませるもの。それにエディブルフラワーには、単に彩りだけでなく、ハーブと同じように体によい効能もあるのです。たとえばオレンジの花びらが鮮やかなキンセンカには、殺菌作用があり胃の不調を和らげるとか。調べてそんなことを知って使うと、一生懸命に咲いた花からいただくエネルギーがよりありがたく、心と体に健やかな力になってきます。

　エディブルフラワーには市販品もありますが、おうちで種から育てた花や、子どもとお散歩しながら摘んだ野草など、身近なお花を使えば、より心にもおサイフにもやさしい。日々のおやつに草花の幸せなパワーを取り入れてみてください。

◎手に入れ方、注意点
- この本で使っている草花は自家栽培したもの、散歩で見つけた野山のもの、友人の畑で摘んだものなどを活用。
- 観賞用に栽培された花は農薬の制限がなく、食用に適さない薬剤が使われている可能性があり、注意して。
- 口に入れるものなので、種から育てるか、花のついていない苗で、自家栽培がおすすめ。パンジーなどは鉢植えでも気軽に栽培できる。
- 道端で見つけた草花を使う場合は、フィールドによってはお散歩犬のおしっこにご注意。よく観察してから摘んで。

◎使い方
- 花を摘んだら、まずガクの裏などに泥がついていないか確認して。
- 花弁は繊細なので薄い塩水などで洗って、キッチンペーパーでしっかり水分をとる。
- 花によってはガクをとるとバラバラになるものもあるので、やさしく扱って。
- 摘んだ花の保管は、タッパーに少し水分を含ませたキッチンペーパーを敷き、その上に花を置く。冷蔵庫の野菜室で保存すると長持ち。
- 花が余ってしまったときは製氷皿に水と一緒に浸して花入り氷に。手軽でかわいい氷ができる。

◎食べられない花

すべての花が食べられるわけではありません！山野草や園芸種の花には、毒性の花もあるので注意して。使う前にちゃんと調べることが必要です。

※食べられない花の例→キキョウ、スイセン、クリスマスローズ、シャクナゲ、クレマチス、アネモネなど……。

うちの小さな庭で育つエディブルフラワー。

友人・マイケルの自然農園の花は元気！

おめかしのワザ ③ … エディブルフラワー

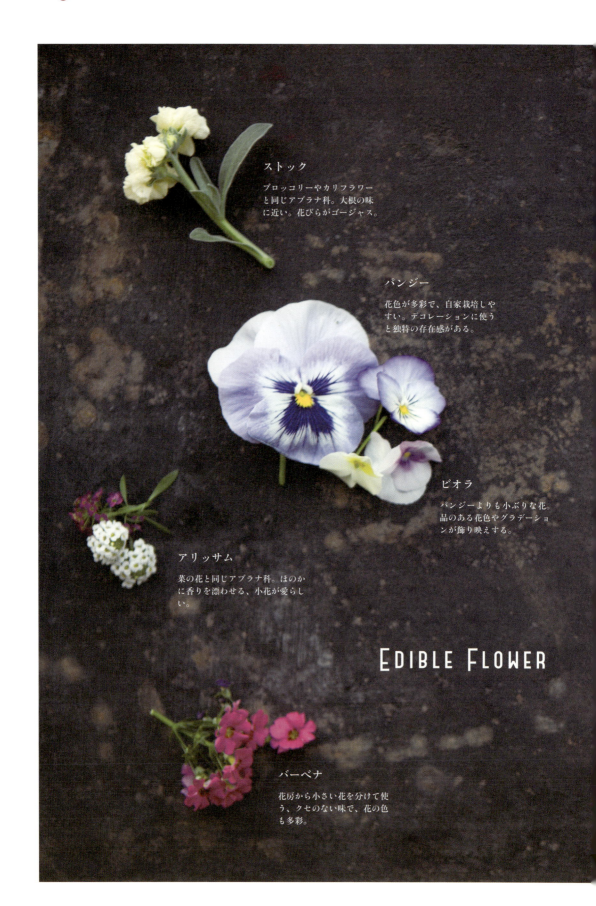

ストック
ブロッコリーやカリフラワーと同じアブラナ科。大根の味に近い。花びらがゴージャス。

パンジー
花色が多彩で、自家栽培しやすい。デコレーションに使うと独特の存在感がある。

ビオラ
パンジーよりも小ぶりな花。品のある花色やグラデーションが飾り映えする。

アリッサム
菜の花と同じアブラナ科。ほのかに香りを漂わせる、小花が愛らしい。

EDIBLE FLOWER

バーベナ
花房から小さい花を分けて使う、クセのない味で、花の色も多彩。

ナスタチウム
葉も花も食用ハーブとして知られ、手に入りやすい。ピリっと辛味があり美味。ビタミンA、C、鉄などが豊富。

キンセンカ
キク科。ビタミンAが豊富でヨーロッパではハーブとしても認知。オレンジの花色はチョコ菓子に映える。

ノースポール
キク科の清楚な白い小花。12〜6月ぐらいと花期が長く、花の少ない時季に重宝。

ペンタス
星の形をしたキュートな小花。花持ちがよい。

クローバー
別名シロツメクサ。昔は薬草としても活用。四つ葉のクローバーも探してみて。

37 イチゴのケーキ

卵もバターも使っていないのに
ふわふわしっとり魔法のスポンジ!
家族が喜ぶバースデーケーキ
→ recipe P.104

38 スイートフラワーケーキ

うっとりお花が映える
大人ラブリーなピンクのケーキ
→ recipe P.106

39 らいおんフルーツケーキ

がぉがぉー ライオンってどんな顔?
作っているときからずっと楽しい
世界に一つだけのスペシャルケーキ
→ recipe P.107

37 きほんのスポンジケーキ イチゴのケーキの作り方

卵と乳製品を一切使わないスポンジケーキで、ふわっもちっとした生地を実現！ 甘さ控えめで、しかも共立てなど難しいワザも入りません。はじめてでもおいしく簡単にできるように、レシピはシンプルな工程と配合にこだわりました。

◎材料（直径15cm丸型×1台）
[スポンジケーキ]
A　薄力粉…180 g
　　ベーキングパウダー…10 g
　　重曹…1 g
B　豆乳…165 g
　　菜種油…70 g
　　甘酒…35 g
　　てんさい糖…45 g
　　バニラエクストラクト…5 g
[デコレーション]
豆乳クリーム（P.61参照）
　　豆乳…200 g
　　菜種油…270 g
　　てんさい糖…40 g
　　レモン汁…8 g
イチゴ…1パック
ブルーベリー、オレンジ、ハーブ…適宜

◎下準備
・ザルを重ねたボウルに、Aを量っておく。別ボウルに、Bを量っておく。
・型にオーブンシートを敷いておく。
・豆乳クリームを作っておく。
・中にはさむイチゴはタテ1/2にカット、オレンジは房どり（P.56参照）しておく。

・オーブンを160℃に温めておく。

◎作り方

1 **材料を合わせる**

Aの粉類をふるう。Bは砂糖のざらつきがなくなるまでよく混ぜ、Aのボウルに入れる。

2 **混ぜる**

1をこねないように、ホイッパーで手早く混ぜる（a）。

3 **型に入れる**

粉っぽさがなくなったら、型に手早く生地を入れて（b）表面をならす。型を持ち上げてストンと台に落とし、空気を抜く（c）。

a

こねず、素早く。

b

ダマが小さくなって粉けが消えたらOK。

c

10cmくらい上に持ち上げ落とす。

d-1

d-2

粗熱がとれたらデコレーションOK。

4 焼く

160℃のオーブンで40〜50分ほど焼く。型から出してひっくり返し、網などの上で冷ます(d)。

5 デコレーション

スポンジ生地の表面を切り落とした後、厚さ1.5〜2cmで2段に切り分ける(e)。

6 下段のスポンジケーキを皿に据え、豆乳クリームを塗り広げる(f)。イチゴなどフルーツを並べる。上から豆乳クリームを塗り広げて、カバーする(g)。

7 上段のスポンジをかぶせ、さらに豆乳クリームを塗る(h)。お好みでイチゴやブルーベリー、ハーブを飾る(i)。

e-1 焼き目のついた表面を切り落とす。
e-2 パン切りナイフなどを使い、側面に軽く切り込みを入れて切る。
f 全体を均等に塗る。
g-1 フルーツは端から少し内側へ置く。
g-2 真ん中に多めのクリームをのせ、塗り広げる。
h-2 上段のクリームは厚めに塗る。

MORE POINT

◎スポンジ生地作りのポイントは……

- 作業に時間がかかると、ふくらみが悪くなるので、手早さが大事。また混ぜすぎると、生地がかたくなります。
- 焼き上がりがパサついていたら、キッチンペーパーをかけた上にラップでゆるくカバーして冷ますとしっとり仕上がる。
- シロップ(てんさい糖20g×水80gを沸かして作る)をハケで塗ると生地がしっとりします。

◎デコレーションケーキのコツは……

- 1に準備、2に完成形をしっかりイメージした上で作ること！　デコレーションはラフ画を描いておくと、材料の用意もスムーズです。スポンジや豆乳クリームは前日に作っておいてOK。クリームの水分が分離していたら、使う前に混ぜればOKです。
- デコレーションするスポンジ生地は豆乳クリームの水分を吸っても重すぎず、しっとりした食べ心地のレシピです。フルーツやクリームがなじむと一層おいしくなるので、食べる3時間ほど前に作るのがおすすめ。

38 スイートフラワーケーキの作り方

クリーム デコレーション

3段のスポンジに、クリーム、イチゴが絶妙バランスのケーキです。手順はやや多めでも、工程はシンプル。クリームで生地全体をデコレーションする「ナッペ」ができると、ぐっと見映えします。

◎材料
（直径11cm丸型×1台）
[スポンジケーキ]
A　薄力粉…100 g
　　ベーキングパウダー…6 g
　　重曹…0.5 g
B　豆乳…95 g
　　菜種油…40 g
　　甘酒…20 g
　　てんさい糖…25 g
　　バニラエクストラクト…3 g
[デコレーション]
＊ピンクの豆乳クリーム（P.61参照）
　　豆乳…130 g
　　菜種油…180 g
　　てんさい糖…25 g
　　レモン汁…5 g
　　ビーツパウダー…4〜5つまみ
イチゴ…4〜5個
エディブルフラワー…適宜（P.94参照）

◎下準備
・ザルを重ねたボウルに、Aを量っておく。
　別ボウルに、Bを量っておく。
・型にオーブンシートを敷いておく。
・ピンクの豆乳クリームを作っておく。
・イチゴ4〜5個くらいを薄くスライスしておく。
・オーブンを160℃に温めておく。

＊ピンクの豆乳クリームの作り方

1　豆乳クリームの材料の豆乳にビーツパウダーをよく混ぜる。
2　ピンク色の豆乳でクリームを作る。

◎作り方

1　〈37 イチゴのケーキ〉と同じ要領で、焼き時間を30分にしてスポンジ生地を焼く。
2　スポンジ生地を3段にスライスする（a）。
3　〈37 イチゴのケーキ〉と同じ要領で、イチゴをはさみ、豆乳クリームを塗り重ねる（b）。
4　3段重ねたら、ケーキ全体に豆乳クリームをナッペする（c）。
5　エディブルフラワー（今回はビオラ）を飾る（d）。

☆ナッペ（nappe）とは、スポンジにクリームを塗ってコーティングすること。クリームをはじめから薄く塗ると、仕上げのならしでクリームがはがれがちなので、最初にたっぷりクリームをとって厚めに塗ってみて。

a
焼き目のついた表面を切り落とし、3段に切り分ける。

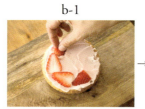

b-1
1段目。クリームを塗り、イチゴを並べる。

b-2

b-3
2段目。生地の側面にクリームがはみ出すくらいに塗っておく。

c-1
多めにクリームをとり、上から塗る。

c-2
側面も塗り、全体を下塗り。

c-3
サイドから本塗り。パレットナイフを立てて塗る。

c-4
サイドの余ったクリームで表面をならす。

c-5
最後はナイフを水平にシュッと滑らす。

d
仕上がりイメージを決めて飾る。

39 ベジフル デコレーション
らいおんフルーツケーキの作り方

スポンジ生地、クリームを前日に作って準備しておけば、余裕十分。子どもと一緒にデコレーションを楽しみながら作ることもできます。
ホームパーティーや、家族や友だちへのギフトにすると、きっとびっくり目をまんまるにして喜んでもらえるはず！

◎材料
（直径18cm丸型×1台）
[スポンジケーキ]
A　薄力粉…260 g
　　ベーキングパウダー…15 g
　　重曹…1.5 g
B　豆乳…240 g
　　菜種油…100 g
　　てんさい糖…65 g
　　甘酒…50 g
　　バニラエクストラクト…7 g
[デコレーション]
＊オレンジ色の豆乳クリーム（P.61参照）
　　豆乳…240 g
　　菜種油…320 g
　　レモン汁…10 g
　　てんさい糖…50 g
　　パプリカパウダー…6 g
イチゴ…1パック
顔のデコレーション用の野菜＆フルーツ
　　今回は、オレンジ2〜3個、バナナ1本、赤パプリカ¼個、キュウリ½本、ミニトマト1個、グレープフルーツ1房、ブルーベリー2個

◎下準備
・ザルを重ねたボウルに、Aを量っておく。別ボウルに、Bを量っておく。
・型にオーブンシートを敷いておく。
・オレンジ色の豆乳クリームを作っておく。
・デコレーション用の野菜やフルーツをカットしておく。
・オーブンを160℃に温めておく。

＊オレンジ色の豆乳クリームの作り方
1　豆乳クリームの材料の豆乳にパプリカパウダーをよく混ぜる。
　　※パプリカパウダーはわずかに味もつくので、色と味をみて調整を。
2　オレンジ色の豆乳で豆乳クリームを作る。

◎作り方
1　〈37 イチゴのケーキ〉と同じ要領で、焼き時間を50〜55分にしてスポンジ生地を焼く。スポンジ生地は、お好みで2〜3段にスライスする。
2　P.105と同じ要領で、好みのフルーツをはさみ、豆乳クリームを塗り重ねる。
3　〈38 スイートフラワーケーキ〉と同じ要領で、全体に豆乳クリームをナッペする。
4　フルーツと野菜で顔のデコレーションをする（a）。

☆デコレーションのパーツは他の素材に代えてもOKです。自分の好きな犬や猫などオリジナルにもトライして。

a-1

たてがみ→オレンジ。重ね並べる

a-2

顔→バナナ。

a-3

a-4

放射線状に並べる。

a-5

口→赤パプリカ。鼻→グレープフルーツ。

a-6

目→ブルーベリー。耳→ミニトマト。

a-7

ひげ→キュウリ。完成！

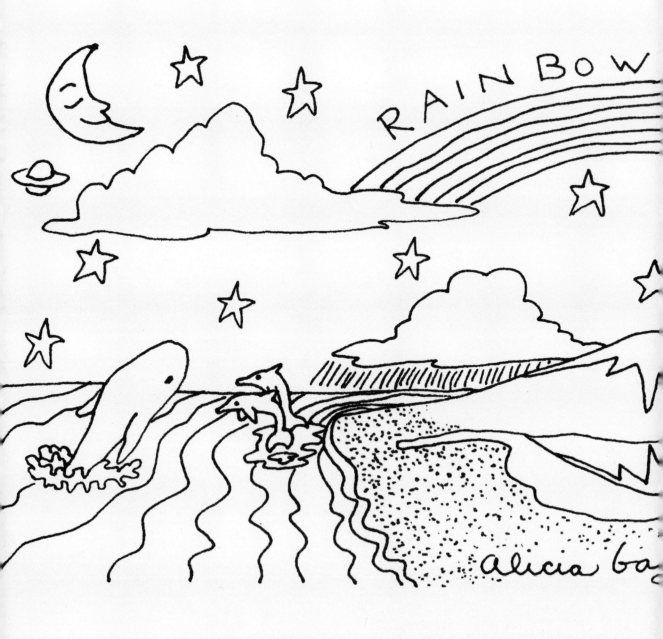

自然とつながって

　アトリエは海から30歩。お菓子を作りながら、波を眺め、風に運ばれる草木の香りにすぅーと深呼吸します。

　物心ついた頃から大好きだったお菓子作り。大人になって夢だったパティシエになって数年、あまりに仕事にのめり込みすぎて体を壊し、お菓子の世界から離れたことも。でも人生にムダなことはありませんね。導かれて学んだマクロビオティックで知った「食」の大切さ。そしてハワイ島のファーム暮らしで魅せられたパーマカルチャー。感じたり、発見したり。そうして見つけたわたしの道が、虹を見たときのように、みんなの心に幸せを届けるお菓子屋さんです。屋号「レインボー キャラバン」に込めた想いを、本書を通じてたくさんの人と共感できることを願っています。

石井 織絵（いしい おりえ）

神奈川県横須賀生まれ、横浜育ち。辻製菓専門学校卒業後、レストランパティシエとして伝統的な洋菓子の製造に従事。体調を崩して退職後マクロビオティックを学び、「ナチュラル＆ハーモニック　プランツ」のパティシエとして自然素材を使ったお菓子・デザート・パン教室の講師を担当。ハワイ島・ジンジャーヒルファームにて1シーズンを過ごし、パーマカルチャーやヨガやフラなどに触れ、自然と調和したお菓子作りを広く伝えようと独立。2014年、葉山の海辺の家にてアトリエ「Rainbow Caravan」を開く。独自の創作センスとおおらかな人柄にファンが多く、お菓子教室や書籍のレシピ考案のほか、ファッション・音楽のイベントや人気カフェでのケータリングなど多方面で活躍。自由な発想をもって天然素材で作る「カラフルでかわいい」お菓子は、オーガニック感度の高いおしゃれな鎌倉・葉山エリアの人たちから口コミで人気が広がり、近年注目度が急上昇中。

Rainbow Caravan（レインボー キャラバン）
www.rainbowcaravan.com/

絵：アリシア・ベイ＝ローレル
デザイン：葉田いづみ
編集・スタイリング：おおいしれいこ
写真：小澤義人
校正：大谷尚子
調理助手：平野育子
ヘアメーク：haru

Special Thanks
石井詩織、sunshine art works、
ダルマちゃん、平野鈴、
Michael Keida (Organic Geeks)、7272

(N)⇨(株)ナチュラル・ハーモニー（材料提供）
個人宅配ハーモニック・トラスト
http://www.naturalharmony.co.jp/trust/

「自然栽培」の野菜とお米、
「天然菌」による伝統醸酵食品をテーマに、
個人宅配・直営店を運営しています。
安心安全だけではなく、
自然が持つ生命力を大切にした食材を
お届けするために日々取り組んでいます。

にじいろのおやつ

2016年6月20日　第1版　第1刷発行

著　者　石井織絵
発行者　玉越直人
発行所　WAVE出版
　　　　〒102-0074　東京都千代田区九段南4-7-15
　　　　TEL 03-3261-3713
　　　　FAX 03-3261-3823
　　　　振替 00100-7-366376
　　　　E-mail: info@wave-publishers.co.jp
　　　　http://www.wave-publishers.co.jp
印刷・製本　萩原印刷

© Orie　Ishii 2016 Printed in Japan
落丁・乱丁本は送料小社負担にてお取り替え致します。
本書の無断複写・複製・転載を禁じます。
NDC596　111p　26cm
ISBN　978-4-86621-000-1